本書係「敦煌文獻系統性保護整理出版工程」項目成果

二〇二一—二〇三五年國家古籍工作規劃重點出版項目

「十四五」國家重點出版物出版規劃項目

國家古籍整理出版專項經費資助項目

敦煌文獻全集

中國國家圖書館藏敦煌文獻

中國國家圖書館 編

第五二册

BD00780～BD00795

國家圖書館出版社

DUNHUANG MANUSCRIPTS IN THE NATIONAL LIBRARY OF CHINA

052

BD00780 ~ BD00795

compiled by the

National Library of China

National Library of China Publishing House

凡例

一　本書刊布中國國家圖書館藏敦煌文獻，以館藏編號爲序編排。

二　館藏編號采用「BD+流水號」格式，如BD00001, BD16579等。背面在編號後加v表示。一個編號包含多件文獻者，編號後分別綴以字母A, B, C等。一件文獻含有多個内容者，以數字-1, -2, -3等標明順序。

三　圖版有縮印或放大處另加説明，尺寸超出本書幅面的以摺葉形式呈現。

四　卷軸裝、梵夾裝、經摺裝等裝幀形制的敦煌文獻，各附外觀圖像。

五　每件文獻依次呈現外觀、正面、背面等。背面僅刊布有文字、圖像或其他要素的圖版，而略去素紙部分，背面圖版同樣以從右到左順序編排。凡有外題者，遵從以上原則。

六　除個別特殊情況外，爲保證閱讀連貫、流暢，圖版儘量通欄呈現。

七　各葉上方附該件文獻全圖，以高亮形式顯示本葉大圖在全卷中的位置。部分長卷文獻全圖衹能分多段呈現時，在上段末以❮符標示下段接續。卷尾内容不足一葉時，文獻全圖使用該圖卷尾部分，亦以❮符標示。背面圖版文字與正面文字方向相反時，文獻全圖按原貌顯示，正文翻轉呈現，以便閱讀研究，用⟲符標示。

八　文獻題名大體沿用中國國家圖書館此前所編多部敦煌文獻目録的考證，部分吸收學界最新研究成果略作調整和完善。文獻題名綜合參考原卷首題、尾題、外題確定，如原卷題名與該文獻正式名稱不同，則采用正式名稱；無題名者，或比定題名，或擬定新名。非漢文文獻在題名前標注語種。有分卷不同等其他情況者，括注於文獻名稱後。

九　本書著録使用通行繁體字，涉及原文中的人名、地名等，必要時保留原字形。

About this publication

1. The documents are presented in shelfmark order.
2. The shelfmarks are in the form BD plus a running number, eg. BD00001, BD16579, &c. If a given shelfmark contains multiple documents, these are distinguished by the letters A, B, C, &c. If a document has multiple contents, they are distinguished by the numbering 1, 2, 3, &c. The verso side of an item is indicated by the letter v.
3. If it has been necessary to reduce or enlarge the size of an illustration, the dimensions are indicated. If the size of an illustration exceeds the size of the book, a folding sheet is used.
4. If the document is a scroll, a folded sutra, or has a stitched binding, a picture of the whole object is provided to show its external appearance.
5. The cover, front, and back of each document are reproduced in sequence. The back of a document is only reproduced if it contains text, illustrations, or other markings, and it is oriented from right to left. If it is blank it is not reproduced.
6. Except in a few special cases, the lines of text are reproduced unbroken to make them coherent and easier to read.
7. An illustration of the complete document is reproduced at the top of each page, and the section where the main illustration appears is highlighted in order to indicate its position. If it has only been possible to reproduce a long scroll in sections, the direction symbol has been used to indicate where one illustration ends and the next one begins. If the end of the scroll occupies less than one page, the direction symbol is used to indicate its position in the illustration of the complete document. If the text on the back of the document has a different orientation from the text on the front, it is reproduced as it is, but is also rotated (indicated with the rotation symbol) so that it can be read easily.
8. The titles of the documents generally conform with those already established by the Library, but in some cases have been amended by drawing on the most recent scholarly research. The titles are derived firstly from the beginning of the text, then from the end of the text, and lastly from the cover. If the title of a document differs from its authoritative form, the authoritative form is used; and if a document has no title, one is either supplied by comparison with similar documents, or a new one is devised. If the document is not in Chinese, its language is indicated before the title. If the number of juan is different from that of the authoritative version, or if there are other irregularities, this is noted.
9. The documents in the book are in traditional Chinese characters. Where the title contains personal or place names, the original characters used for these names are retained.

(Translated by David Helliwell)

第五二册目録

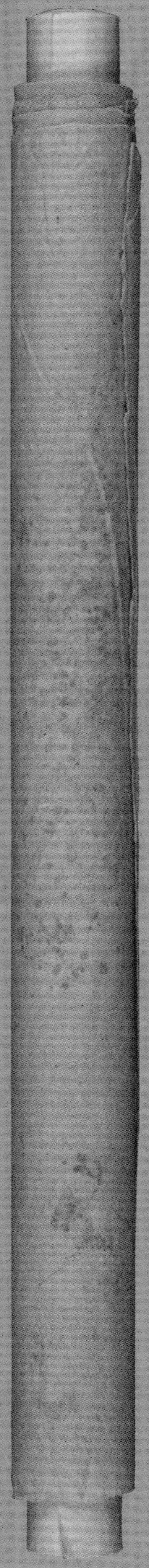

BD00780　咒魅經（异本）

121.4cm × 25.4cm

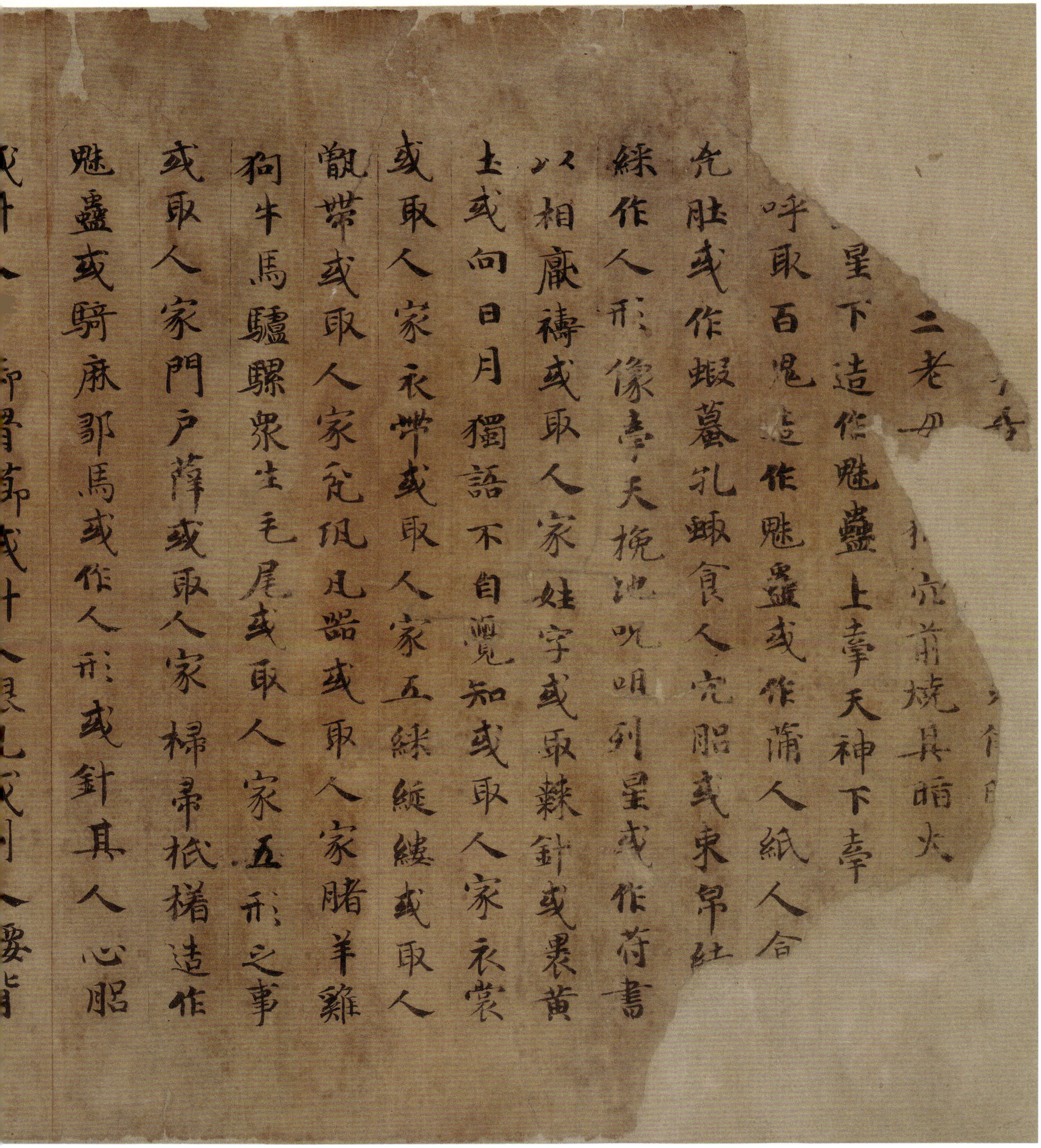

今……作日
二老母　祈冢前燒具餚火
星下造作魅蠱上牽天神下牽
呼取百鬼造作魅蠱或作蒲人紙人合
充肚或作蝦蟇孔蝌食人穴腦或束帛紅
綵作人形像牽天挽地吮咀列星或作符書
以以相厭禱或取人家姓字或取蘇針或畏黃
土或向日月獨語不自覺知或取人家衣裳
或取人家衣帶或取人家五綵縺縷或取人
髖帶或取人家瓮瓶瓦器或取人家豬羊雞
狗牛馬驢騾衆生毛尾或取人家五形之事
或取人家門戶薜或取人家掃帚柢楮造作
魅蠱或騎麻那馬或作人形或針其人心腦
或卄人……卸習鄭或十人……要旨

或頭人頭[illegible]或[illegible]人家[illegible]或頭人家[illegible]
絲帛或取人上下衣帶或魅蠱人田地苗稼
或魅人家園林或魅人家舍宅或捉郡裾杪
逢向辟獨語或作人形頭面手脚形像或作
符書厭禱呪咀或作人形言語不以道理或
魅人家䐗羊鷄狗牛馬驢騾或作生口赤舌
或作人家六畜形像或作鬼神形造作魅人
生死无道枉煞良善若自作教他作千央万
罪造者自當三契六枉還着本主六枉三契
還着本鄉万罪千殃還自滅之何不急去三
千六百一十里不得久停
今請東方青帝神王来食魅人心今請南方
赤帝神王来食魅人腸今請西方白帝神王
来食魅人頭今請北方黑帝神王来食魅人
眼今請中央黃帝神王来食魅人手

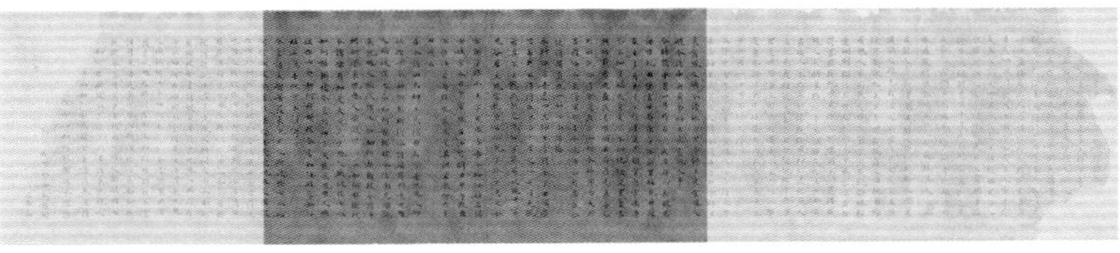

来食魅人頭令請北方黒帝神王来食魅人
眼令請中央黄帝神王来食魅人手
尒時衆中有一菩薩名為大力自正衣服為
佛作礼白佛言世尊弟子不解罪福見世間
衆生多有愚迷不信善道共相食宍常懷惡
念不知生福天堂受樂不知地獄受罪憂苦
共相煎煮魅蠱良善唯願世尊乃為弟子分
別解説令得佛道度脱一切尒時佛告大力
菩薩汝今未得開解吾今為汝分別廣説令
使得聞度脱一切汝今諦聽
尒時佛言吾遣四天神王帝釋令下世間療
治百惡不得停止急去千里之外可得免脱
若其不去聽我説之魅公字槃布奴魅母字
鬼谷居大兒字龍重台小兒字洛子恩大女

女姓字令日甲庚魅蠱不行朋日甲午魅蠱
不語汝若自作魅蠱返受其殃若教他作身
自臧ニ
吾今請四天神王来攝魅名字吾呪魅人頭
破作七分如阿梨樹枝令請婆羅門来呪魅
人頭破作七分如阿梨樹枝令請南无佛陁
来呪魅人頭破作七分如阿梨樹枝令請牛
頭阿婆来呪魅人頭破作二分如阿梨樹枝
令請佛有如是大呪来呪魅人頭破作七分
如阿梨樹枝令當請四方天龍来呪魅人頭
破作七分如阿梨樹枝令當知汝姓字知汝
姓名急去他方不得停ム
令當請大智菩薩来呪魅人頭破作七分如
阿梨樹枝令當請普賢菩薩来呪魅人頭破

BD00780　咒魅經（异本）

姓名急去他方行但
令當請大智菩薩来呪魅人頭破作七分如
阿梨樹枝令當請普賢菩薩来呪魅人頭破
作七分如阿梨樹枝令當請觀世音菩薩来
呪魅人頭破作七分如阿梨樹枝令當請陁
羅尼菩薩来呪魅人頭破作七分如阿梨樹
枝請救脫菩薩来呪魅人頭破作七分如阿
梨樹枝令當請救脫菩薩来呪魅人頭破作
七分如阿梨樹枝令當請藥王菩薩来呪魅
人頭破作七分如阿梨樹枝令當請更明菩
薩来呪魅人頭破作七分如阿梨樹枝令當
請月光菩薩来呪魅人頭破作七分如阿梨
樹枝令當請蒙光菩薩来呪魅人頭破作七
分如阿梨樹枝令當請[illegible]菩薩来呪魅人
七分如阿梨樹枝令當請火光菩薩

作七分女向梨樹枝令□言

明□作七分如阿梨樹

□作七分

BD00781 金光明經卷三

（北涼）曇無讖 譯

741.1cm×26cm

隨侍宿衛稱之　隨及國邑
城郭若王宮殿　亦如是世尊何
緣故我名散脂鬼神大將唯然世尊自當
證知世尊我知一切法一切緣法了了以法
知法充齊如法安住一切法如性於一切法
含受一切法世尊我現見不、、思議知
可思議智炬不可思議智行不可思議智聚
不可思議智境世尊我於諸法正解正觀得
正分別正解於緣正能覺了世尊以是故名
散脂大將世尊我散脂大力令說法者莊
言辭辯不斷絕衆味精氣從毛孔入充益其
力心進勇鋭成就不可思議智慧入正憶念

[illegible]
衆生於百千佛所種諸善根說法之人爲是
衆生閻浮提內廣宣流布是妙經典令不斷
絕无量衆生聞是經已當得不可思議智聚
攝取不可思議功德之聚於未來世无量百
千劫人天之中常受快樂於未來世值遇諸
佛疾得證成阿耨多羅三藐三菩提一切諸
苦三惡趣分永滅无餘南无寶華功德海琉
璃金山光照如來應供正遍知南无无量百
千億那由他莊嚴其身輝逈如來應供正遍
知熾然如是微妙法炬南无弟一威德成就
衆事大功德天南无不可思量智慧功德成
就大辯天

金光明經卷第三

就大辯天

金光明經正論品第十一

尒時佛告地神堅牢過去有王名力尊相其
王有子名曰信相不久當受灌頂之位統領
國土尒時父王告其太子信相世有正論善
治國土我於昔時曾爲太子不久亦當紹父
王位尒時父王持是正論亦爲我說我以是
論於二万歲善治國土未曾一念以非法行
於自眷屬情无愛爲何等名爲治世正論地
神尒時力尊相王爲信相太子說是偈言
我今當說　諸王正說　爲利衆生　斷諸疑網
一切人王　諸天天王　應當歡喜　合掌諦聽
諸王和合　集金剛山　護世四鎮　起問梵王

云何是人 得名為天 云何人王 得名天子
生在人中 處王宮殿 正法治世 而名為天
護世四王 問是事已 時梵尊師 即說偈言
汝今雖以 此義問我 我要當為 一切眾生
敷揚宣暢 第一勝論
因集業故 生於人中 王領國土 故稱人王
處在胎中 諸天守護 或先守護 然後入胎
雖在人中 生為人王 以天護故 復稱天子
三十三天 各以己德 分與是人 故稱天子
神力所加 故得自在 遠離惡法 遮令不起
安住善法 脩令增廣 能令眾生 多生天上
半名人王 亦名執樂 羅剎魁膾 能遮諸惡
亦名父母 教誨脩善 亦現果報 諸天所護
善惡諸業 現在未來 現受果報 諸天所護

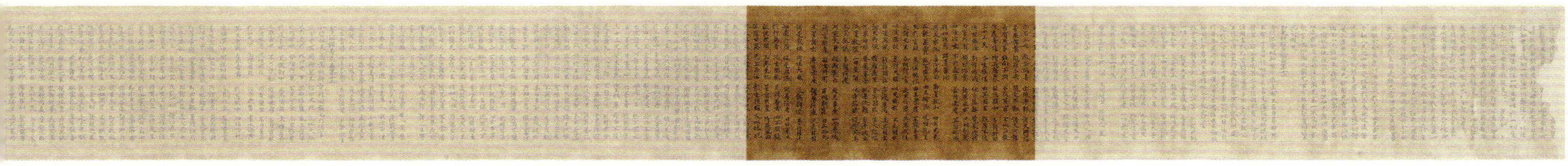

[illegible]
亦名父母　教誨脩善　亦現果報　諸天所護
善惡諸業　現在未來　現受果報　諸天所護
若有惡事　縱而不問　不隨其罪　不以正教
捨遠善法　增長惡衆　故使國中　多諸奸鬪
三十三天　各生瞋恨　由其國王　縱惡不治
壞國惡法　奸詐熾盛　他方怨敵　競來侵掠
自家所有　錢財珍寶　諸惡盜賊　共相劫奪
如法治世　不行是事　若行是者　其國殄滅
譬如狂象　蹋蓮華池
暴風卒起　屢降惡雨　惡星數出　日月無光
五穀菓實　減不滋茂　由王捨正　使國飢饉
天於宮殿　悲懷愁惱　由王暴虐　不脩善事
是諸天王　各相謂言　是王行惡　與惡爲伴
以造惡故　起於天瞋　以天瞋故　[illegible]

於法真相 妄語虛言 疾疫惡病 集其國土
諸天即便 捨離是王 令其國敗 生大愁惱
兄弟姊妹 眷屬妻子 孤迸流離 身亦滅亡
流星數墮 二日並現 他方怨賊 侵掠其土
人民飢餓 多諸疾疫
所重大臣 捨離薨亡 象馬車乘 一念衰滅
諸家財產 國土所有 互相劫奪 刀兵而死
五星諸宿 違失常度 諸惡疾疫 流遍其國
諸受寵祿 所任大臣 及諸群僚 專行非法
如是行惡 偏受恩遇 脩善法者 日日衰滅
於行惡者 而生恭敬 見脩善者 心不顧録
故使世間 三異並起 星宿失度 降暴風雨
破壞甘露 无上正法 衆生種類 及以地肥
來吹非惡 嫉者善人 故天降雹 飢餓疫死

故佛世間 三界導主 [illegible]
破壞甘露 无上正法 眾生種類 及以地肥
恭教弊惡 毀諸善人 故天降雹 飢饉疫死
穀米菓實 滋味蕪減 多病眾生 充滿其國
甘美威藥 日日損減 苦澀惡味 隨時增長
本所遊戲 可愛之處 悉皆枯悴 无可樂者
眾生所食 精妙上味 漸漸損減 食无肌膚
顏貌醜陋 氣力蕪羸 凡所食噉 不知猒足
力精猛勇 悉滅无有 嬾惰懈怠 充滿其國
多有病苦 逼切其身 惡星變動 羅剎亂行
若有人王 行於非法 增長惡伴 損人天道
於三有中 多受苦惱 起如是等 无量惡事
皆由人王 愛著眷屬 縱之造惡 捨而不治
若為諸天 所護生者 如是人王 終不為是
若行善者 [illegible]生天上 行[illegible]者 墮在[illegible]

違逆諸天　及父母勑　不能正法　則非孝子
起諸姧惡　壞國土者　不應縱捨　當正治罪
是故諸天　護持是王　以滅惡法　脩集善根
現世正治　得增王位　應各為說　善不善業
能示因果　故得為王　諸天護持　讚王佐助
能自為他　脩正治國　有壞國者　應當正教
為命及國　脩行正法　不應行惡　惡不應縱
所有餘事　不能壞國　要因多姧　然後傾敗
若起多姧　壞於國土　譬如大象　壞蓮華池
怨恨諸天　故天生惱　起諸惡事　弥滿其國
是故應隨　正法治國　以善化國　不順非法
寧捨身命　不愛眷屬　於親非親　心常平等
視親非親　和合為一　正行名稱　流布三界

視親非親　和合爲一　正行名稱　流布三界
正法治國　人多行善　常以善心　仰瞻國主
能令天衆　具足充滿　是故正治　名爲人王
一切諸天　愛護人王　猶如父母　擁護其子
故令日月　五星諸宿　隨其分齊　不失常度
風雨隨時　无諸灾禍　令國豐實　安樂茂盛
增益熾盛　諸天之衆　以是因緣　諸人王等
寧捨身命　不應爲惡
不應捨離　正法珍寶　由正法寶　世人受樂
常當親近　脩正法者　聚集功德　莊嚴其身
於自眷屬　常知正足　常遠惡人　脩治正法
安正衆生　於諸善法　教勑防護　令離不善
是故國主　安隱豐樂　是王亦得　威德具足

金光明經善集品第十三

尒時如來復爲地神說往因緣而作偈言

我昔曾爲 轉輪聖王 捨四大地 及以大海

又於是時 以四天下 滿中珎寶 奉上諸佛

凡所布施 皆捨所重 不見可愛 而不捨者

於過去世 无數劫中 求正法故 常捨身命

又過去世 不可議劫 有佛世尊 名曰寶勝

其佛世尊 般涅槃後 時有聖王 名曰善集

於四天下 而得自在 治正之勢 盡大海際

其王有城 名水音尊 於其城中 正住治化

夜睡夢中 聞佛功德 及見比丘 名曰寶真

善能宣暢 如來正法 所謂金光 微妙經典

善能宣暢 如來正法 所謂金光 微妙經典
明如日中 悉能遍照 是轉輪王 夢是事已
即尋覺寤 心喜遍身 即出宮殿 至僧坊所
供養恭敬 諸大聖衆 聞諸大德 是大衆中
頗有比丘 名曰寶冥 成就一切 諸功德不
尒時寶冥 在一窟中 安坐不動 思惟正法
讀誦如是 金光明經 時有比丘 即將是王
至其所止 到寶冥所 時此寶冥 故在窟中
形貌殊特 威德熾然 即示王言 是窟中者
即是所問 寶冥比丘 能持甚深 諸佛所行
名金光明 諸經之王 時善集王 即尋礼敬
寶冥比丘 作如是言 面如滿月 威德照然
唯願為我 敷演宣暢 是金光明 諸經之王

三千大千 世界諸天 知當說法 高聲稱善
於淨嚴妙 鮮潔之處 種種珎寶 廁填其地
上妙香水 持用灑之 散諸好華 遍滿其處
王於是時 自敷法座 懸繒幡蓋 寶飾交絡
種種嚴妙 殊特末香 悉以奉散 大法高座
一切諸天 龍及鬼神 摩睺羅伽 緊那羅等
即雨天上 曼陁羅華 遍散法座 滿其處所
不可思議 百千万億 那由他等 无量諸天
一時俱來 集說法所 是時寶冥 尋從室出
諸天即時 以娑羅華 供養奉散 寶冥比丘
是時寶冥 淨洗身體 著淨妙衣 至法座所
合掌敬礼 是法高座 一切天王 及諸天人
雨曼陁羅 大曼陁華 无量百千 種種伎樂
於虛空中 不鼓自鳴

於虛空中　不鼓自鳴
寶冥比丘　能說法者　尋上高座　結跏趺坐
即念十方　不可思議　无量千億　諸佛世尊
於諸衆生　與大悲心　及善集王　所得王領
盡一日月　所照之處　時說法者　即尋為王
敷暢宣說　是妙經典
是時大王　為聞法故　於比丘前　合掌而立
聞於正法　讚言善哉　其心悲悼　潸淚交流
尋復踊悅　心意嬉怡　為欲供養　此經典故
尒時即捉　如意珠王　為諸衆生　發大誓願
願於今日　此閻浮提　悉雨无量　種種珎異
瓌奇七寶　及妙瓔珞　以是因緣　悉令无量
一切衆生　皆受快樂　即於尒時　尋雨七寶
及者寶[illegible]　天冠耳璫　幢幡瓔珞　[illegible]寶座

滿四天下　无量七寶　於寶勝佛　貴法之中
以用布施　供養三寶　尒時為王　說法比丘
於今現在　阿閦佛是　時善集王　聖受法者
今則我身　釋迦文是　我於尒時　捨此大地
滿四天下　珎寶布施　得聞如是　金光明經
聞是經已　一稱善哉　以此善根　業因緣故
身得金色　百福莊嚴　常為无量　百千万億
衆生等類　之所樂見　既得見已　无有猒足
過去九十　九億千劫　常得作於　轉輪聖王
亦於无量　百千劫中　常得王領　諸小國土
不可思議　劫中常作　釋提桓因　及淨梵王
復得值遇　十力世尊　其數无量　不可稱計
所得功德　无量无邊　皆由聞經　及稱善哉

所得功德　无量无邊　皆由聞經　及稱善哉
如我所願　成就菩提　正法之身　我今已得

金光明經鬼神品第十三

佛告功德天若有善男子善女人欲以不可
思議妙供養具供養過去未來現在諸佛
世尊及欲得知三世諸佛甚深行處是人應當
畢定至心隨有是經流布之處若城邑村落
舍宅空處正念不亂至心聽是微妙經典尒
時世尊欲重宣此義而說偈言
若欲供養　一切諸佛　欲知三世　諸佛行處
應當往彼　城邑聚落　有是經處　至心聽受
是妙經典　不可思議　功德大海　无量无邊
能令一切　衆生解脫　度无量苦　諸有大海

如是等物　不得爲喻
若入是經　即入法性　如深法性　安住其中
即於是典　金光明中　而得見我　釋迦牟尼
不可思議　阿僧祇劫　生天人中　常受快樂
以能信解　聽是經故　如是无量　不可思議
功德福聚　悉已得之
隨所至處　若百由旬　滿中盛火　應從中過
若至聚落　阿蘭若處　到法會所　至心聽受
聽是經故　惡夢蠱道　五星諸宿　變異灾禍
一切惡事　消滅无餘　於說法處　蓮華座上
說是經典　書寫讀誦　是說法者　若下法座
尒時大衆　猶見坐處　故有說者　或佛世尊
或見佛像　菩薩色像　普賢菩薩　文殊師利

或見佛像　菩薩色像　普賢菩薩　文殊師利
彌勒大士　及諸形色　見如是等　種種事已
尋復滅盡　如前不異　成就如是　諸功德已
而爲諸佛　之所讚歎　威德相貌　无量无邊
有大名稱　能却怨家　他方盜賊　能令退散
勇扞多力　能破強敵　惡夢惱心　无量惡業
如是惡事　皆悉除滅　若入軍陣　常能勝他
名聞流布　遍閻浮提　亦能摧伏　一切怨敵
遠離諸惡　脩集諸善　入陣得勝　心常歡喜
大梵天王　三十三天　諸世四王　金剛密迹
鬼神諸王　散脂大將　禪那英鬼　及緊那王
阿耨達龍　娑竭羅王　阿脩羅王　迦樓羅王
大辯天神　及大功德　如是上首　諸天神等

衆生見者 [illegible]
而相謂言 今是衆生 无量威德 皆悉成就
若能來至 是法會所 如是之人 成上善根
若有聽是 甚深經典 莊嚴出往 法會之處
心生不可 思議正信 供養恭敬 无上法塔
如是大悲 利益衆生 即是无量 深法寶器
能入甚深 无上法性 由以淨心 聽是經典
如是之人 悉以供養 過去无量 百千諸佛
以是善根 无量因緣 應當聽受 是金光明
如是衆生 常為无量 諸天神王 之所愛護
大辯功德 護世四王 无量鬼神 及諸力士
晝夜精勤 擁護四方
釋提桓因 及日月天 閻摩羅王 風水諸神
違馱天神 及毗紐天 大辯天神 及自在天

違馱天神　及毗紐天　大辯天神　及自在天
火神等神　大力勁勇　常護世間　晝夜不離
大力鬼神　那羅延等　摩醯首羅　二十八部
諸鬼神等　散脂爲首　百千鬼神　神足大力
擁護是等　令不怖畏
金剛密迹　大鬼神王　及其眷屬　五百徒黨
一切皆是　大菩薩薩　迹悉擁護　聽是法者
摩尼跋陀　大鬼神王　富那跋陀　及金毗羅
阿羅婆帝　賓頭盧伽　黃頭大神　一一諸神
各有五百　眷屬鬼神　亦常擁護　聽是經者
質多斯那　阿脩羅王　及乾闥婆　那羅羅闍
祁那娑婆　摩尼乾陀　及尼乾陀　主雨大神
大飲食神　摩訶伽吒　金色髮神　半祁鬼神

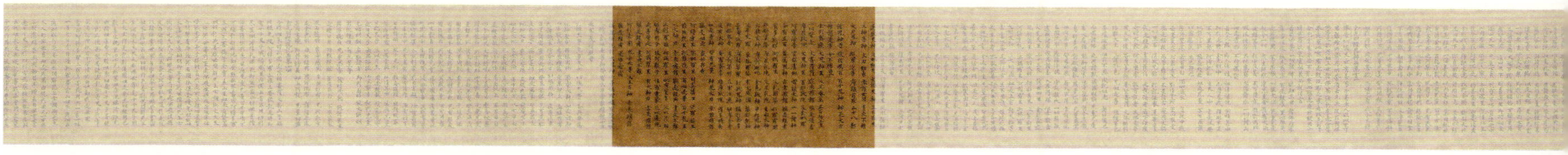

勒那翅舍　摩訶婆那　及軍陀遮　劒摩舍帝
復有大神　奢羅蜜帝　醯摩跋陀　薩多琦梨
如是等神　皆有无量　神足大力　常勤擁護
聽受如是　微妙典者
阿耨達王　娑伽羅王　目真隣王　伊羅鉢王
難陀龍王　跋難陀王　有如是等　百千龍王
以大神力　常來擁護　聽是經典　晝夜不離
波利羅睺　阿脩羅王　毗摩質多　及以茂脂
睒摩利子　波阿梨子　佉羅騫馱　及以達陀
是等皆是　阿脩羅王　有大神力　常來擁護
聽是經者　晝夜不離
阿利帝南　鬼子母等　及五百神　常來擁護
聽是經者　若睡若寤

聽是經者　若睡若寤
旃陀旃陀利大鬼神女等鳩羅鳩羅檀提歠
人精氣如是等神皆有大力常勤擁護十方
世界受持經者
大辯天等　无量天女　功德天等　各與眷屬
地神堅牢　種植園林　藥寶大神　如是諸神
心生歡喜　悉來擁護　愛樂親近　是經典者
於諸衆生　增命色力　功德威貌　莊嚴倍常
五星諸宿　變異灾怪　皆悉能滅　无有遺餘
夜卧惡夢　寤則憂悴　如是惡事　皆悉滅盡
地神大力　勢分甚深　是經力故　能變其味
如是大地　至金剛際　厚十六万　八千由旬
其中氣味　无不遍有　悉令踊出　潤益衆生

亦令諸天　大得法味　充益身力　增長勢[illegible]
閻浮提内　所有諸神　心生歡喜　受樂无量
是經力故　諸天歡喜　百穀菓實　皆悉滋茂
園苑叢林　其華開敷　香氣芬馥　充溢弥滿
百草樹木　生長端直　其體柔軟　无有邪屈
閻浮提内　所有龍女　其數无量　不可思議
心生歡喜　踊躍无量　在在處處　莊嚴華池
於其池中　生種種華　優鉢羅華　波頭摩華
拘物頭華　分陀利華　於自宮殿　除諸雲霧
令虛空中　无有塵翳　諸方清徹　淨潔明了
日王赫焰　放千光明　歡喜踊躍　照諸暗蔽
閻浮檀金　以爲宮殿　心住其中　威德无量
日之天子　及以月天　聞是經故　精氣充實
是日天子　出閻浮提　心生歡喜　施於无量

是日天子及以月天聞是經故精氣充實
是日天子出閻浮提心生歡喜施於无量
光明明網遍照諸方即於出時施大網明
開敷種種諸池蓮華
閻浮提內无量果實隨時成熟飽諸衆生
是時日月所照殊勝星宿正行不失度數
風雨隨時豐實熾盛多饒財寶无所乏少
是金光明微妙經典隨所流布講誦之處
其國土境即得增益如上所說无量功德

金光明經授記品第十四

尒時如來將欲爲是信相菩薩及其二子銀
相銀光授阿耨多羅三藐三菩提記是時即
有十千天子威德熾王而爲上首俱從忉利
來至佛所頂禮佛足却坐一面尒時佛告

可稱計那由他劫金照世界當成阿耨多羅
三藐三菩提号金寶蓋山王如來應供正遍
知明行足善逝世間解无上士調御丈夫天
人師佛世尊乃至是佛般涅槃後正法像法
皆滅盡已長子銀相當於是界次補佛處世界
尒時轉名淨幢佛名閻浮檀金幢光明照如
來應供正遍知明行足善逝世間解无上士
調御丈夫天人師佛世尊乃至是佛般涅槃
後正法像法悉滅盡已次子銀光復於是後
次補佛處世界名字如本不異佛号曰金光明
如來應供正遍知明行足善逝世間解无上
士調御丈夫天人師佛世尊是十千天子聞
三大士得受記別復聞如是金光明經聞已

BD00781　金光明經卷三

士調御丈夫天人師佛世尊是十千天子聞
三大士得受記別復聞如是金光明經聞已
歡喜生殷重心心无垢累如淨流璃清淨无
礙猶如虛空尒時如來知是十千天子善根
成就即便與授菩提道記汝等天子於當来
世過阿僧祇百千万億那由他劫於是世界
當成阿耨多羅三藐三菩提同共一家一姓
一名号日青目優鉢羅華香山如來應供正
遍知明行足善逝世間解无上士調御丈夫
天人師佛世尊如是次第出現於世凡一万佛
尒時道場菩提樹神名等增益白佛言世尊
是十千天子於忉利宮為聽法故故来集此
云何如來便與授記世尊我未曾聞是諸天

頭目髓腦所愛妻子財寶穀帛金銀琉璃
璖馬瑙真珠珊瑚珂貝璧玉甘饌飲食衣服
牀卧病瘦醫藥象馬車乘殿堂屋宅園林泉
池奴婢僕使如餘无量百千菩薩以種種資
生供養之具恭敬供養過去无量百千万億
那由他等諸佛世尊如是菩薩於未來世亦
捨无量所重之物頭目髓腦所愛妻子財寶
穀帛乃至僕使次第脩行成就具足六波羅
蜜成就是已脩脩苦行動經无量无邊劫數
然後方得受菩提記世尊是天子等何因何
緣脩行何等勝妙善根從彼天來暫得聞法
便得受記唯願世尊爲我解說斷我疑網
尒時佛告樹神善女天皆有因緣有妙善根
已隨相脩何以故以是天子於所住處捨五

尒時佛告樹神善女天皆有因緣不如善本
已隨相脩何以故以是天子於所住處捨五
欲樂故來聽是金光明經既聞法已於是經
中淨心殷重如說脩行復得聞此三大菩薩
受於記別亦以過去本昔發心誓願因緣是
故我今皆與授記於未來世當成阿耨多羅
三藐三菩提

金光明經除病品第十五

佛告道場菩提樹神善女天諦聽諦聽善持
憶念我當為汝演說往昔誓願因緣過去无
量不可思議阿僧祇劫尒時有佛出現於世
名曰寶勝如來應供正遍知明行足善逝世
間解无上士調御丈夫天人師佛世尊善女天
尒時世尊般涅槃後正法滅已於像法中有

和順孝養父母是王國中有一長者名曰持
水善知醫方救諸病苦方便巧知四大增損
善女天尒時持水大長者家中後生一子名
曰流水體貌殊勝端正第一形色微妙威德
具足受性聰敏善解諸論種種伎藝書疏
笇計无不通達是時國內天降疫病時有无
量百千諸衆生等皆无免者爲諸苦惱之所
逼切善女天尒時流水長者子見是无量百千
衆生受諸苦惱故爲是衆生生大悲心作是
思惟如是无量百千衆生受諸苦惱我父長
者雖善醫方能救諸苦方便巧知四大增損
年已衰邁老耄枯悴皮緩面皺羸瘦戰掉行
來往反要因机杖困頓疲乏不能至彼城邑聚

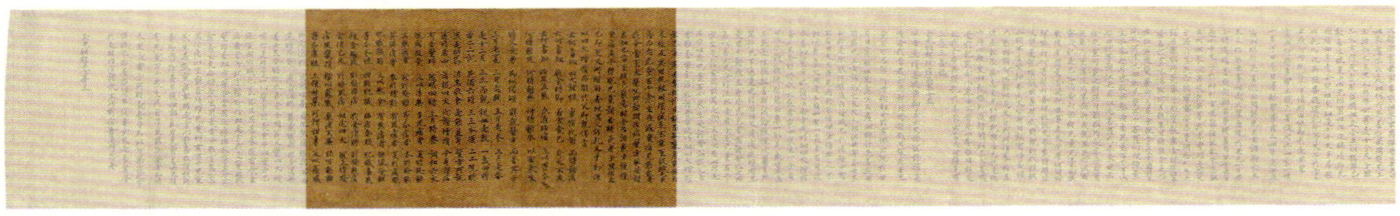

年已衰邁老耄枯悴皮緩面皺羸瘦戰掉行
來往反要因机杖困頓疲乏不能至彼城邑聚
落而是无量百千衆生遇重病无能救者
我今當至大醫父所諮問治病醫方秘法諮
稟知已當至城邑聚落村舍治諸衆生種種
重病悉令得脫无量諸苦時長者子思惟是
已即至父所頭面著地爲父作礼叉手却住
以四大增損而問於父即說偈言
云何當知　四大諸根　衰損代謝　而得諸病
云何當知　飲食時節　若食食已　身火不滅
云何當知　治風及熱　水過肺病　及以等分
何時動風　何時動熱　何時動水　以害衆生
時父長者　即以偈頌　解說醫方　而荅其子
三月是夏　三月是秋　三月是冬　三月是春

是十二月　三三說一　從如是數　一歲四時
若二二說　足滿六時　三三本攝　二二現時
隨是時節　消息飲食　是能益身　醫方所說
隨時歲中　諸根四大　代謝增損　令身得病
有善醫師　隨順四時　三月將養　調和六大
隨病飲食　及以湯藥　多風病者　夏時發動
其熱病者　秋則發動　等分病者　冬則發動
其肺病者　春則增劇　有風病者　夏則應服
肥膩醎酢　及以熱食　有熱病者　秋服冷甜
等分冬服　甜酢肥膩　肺病春服　肥膩辛熱
飽食然後　則發肺病　於食消時　則發熱病
食消已後　則發風病　如是四大　隨三時發
病風羸損　補以蘇膩　熱病不藥　服呵梨勒
等分應服　三種妙藥　所謂甜辛　及以蘇膩

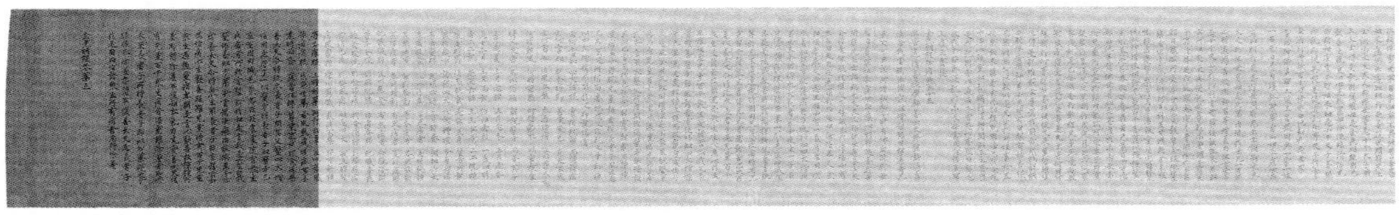

等分應服　三種妙藥　所謂甜辛　及以蘇膩
肺病病服　隨能吐藥　若風熱病　肺病等分
違時而發　應當任師　籌量隨病　服食湯藥
善女天尒時流水長者子問其父醫四大增
損因是得了一切醫方時長者子知醫方已
遍至國內城邑聚落在在處處隨有衆生
病苦者所軟言慰喻作如是言我是醫師我
是醫師善知方藥今當為汝療治救濟悉令除
愈善女天尒時衆生聞長者子軟言慰喻許
為治病心生歡喜踊躍无量時有百千无量
衆生遇極重病耳聞是言心歡喜故種種所
患即得除差平復如本氣力充實善女天復
有无量百千衆生病苦深重難除差者即共

肥肥已除差而得平復善女天是長者子

於是國內治諸衆生所有病苦悉得除差

金光明經卷第三

BD00782　佛名經（十六卷本）卷三

95cm × 31.4cm

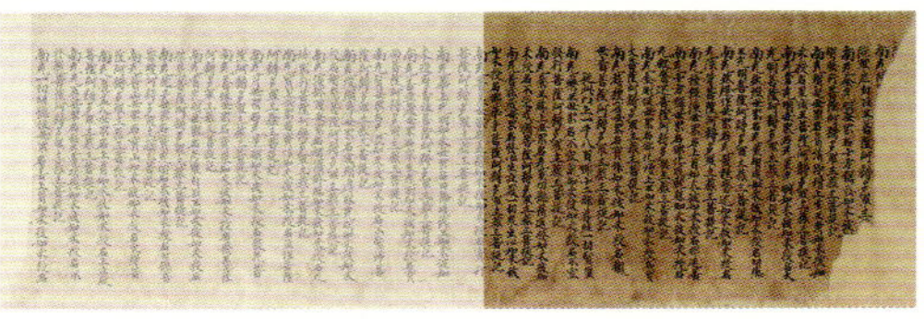

南无隨

陁羅尼自在王菩薩何耨多羅三

南无金光明世界名十方稱發如来彼如

智發行菩薩何耨多羅三藐三菩提記

南无智起世界名普清淨增上雲王聲如来彼如

来授名星宿王菩薩何耨多羅三藐三菩提記

南无常光明世界名无量光明如来彼如来授名大

光明菩薩何耨多羅三藐三菩提記

南无然燈世界名无量智成如来彼如来授名功德

王光明菩薩何耨多羅三藐三菩提記

南无然燈作世界名无量種奮迅如来彼如来授名

无障㝵菩薩何耨多羅三藐三菩提記

南

南无種種幢世界名上首如来彼如来授名那延菩
南无十方稱世界名佛化成就勝如来彼如来授名
无猒奮迅菩薩阿耨多羅三藐三菩提記
南无金剛住世界名佛化增上王如来彼如来授名寶
火菩薩阿耨多羅三藐三菩提記
南无栴檀窟世界名寶作如来彼如来授名觀
世音菩薩阿耨多羅三藐三菩提記
從此以上一千八百佛十二部尊經一切賢聖
南无藥王世界名不空說如来彼如来授名不空
發行菩薩阿耨多羅三藐三菩提記
南无藥王勝上世界名无量功德精進發如来彼如
来授名不受戒攝菩薩阿耨多羅三藐三菩提記
南无普莊嚴世界名發心生莊嚴一切衆生心如来彼
如来授名佛華手菩薩阿耨多羅三藐三菩提記

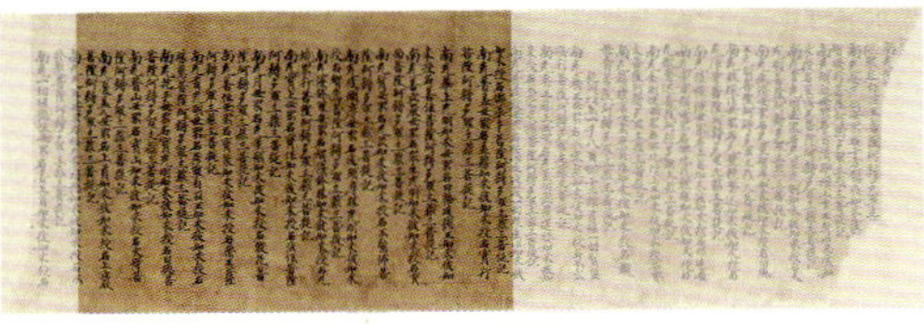

如来授名佛華手菩薩阿耨多羅三藐三菩提記
南无普蓋世界名蓋鬘如来彼如来授名寶行
菩薩阿耨多羅三藐三菩提記
南无華上光明如来世界名曰輪威德王如来彼如
来授名善住菩薩阿耨多羅三藐三菩提記
南无善莊嚴世界名衆生光明如来彼如来授名寶
面菩薩阿耨多羅三藐三菩提記
南无賢世界名无畏如来彼如来授名不驚怖菩
薩阿耨多羅三藐三菩提記
南无波頭摩世界名波頭摩勝光明如来彼如来
授名智爲菩薩阿耨多羅三藐三菩提記
南无優鉢羅世界名智優鉢勝如来彼如来授名无
境界行菩薩阿耨多羅三藐三菩提記
南无寶上世界名寶作如来彼如来授名法作菩薩

南无寶上世界名寶作如来彼如来授名法作菩薩
阿耨多羅三藐三菩提記
南无月世界名无量願如来彼如来授名散花菩
薩阿耨多羅三藐三菩提記
南无善住世界名寶聚如来彼如来授名藥王菩薩
阿耨多羅三藐三菩提記
南无香光明世界名莎羅自在王如来彼如来授名
勝慧菩薩阿耨多羅三藐三菩提記
南无花手世界名寶光明如来彼如来授名日德菩
薩阿耨多羅三藐三菩提記
南无普山世界名寶山如来彼如来授名火得菩
薩阿耨多羅三藐三菩提記
南无憂蓋入世界名上首如来彼如来授名上莊嚴
菩薩阿耨多羅三藐三菩提記

菩薩阿耨多羅三藐三菩提記
南无无憂世界名發无邊功德如來彼如來授名不
發觀菩薩阿耨多羅三藐三菩提記
南无一切功德住世界名善上首如來彼如來授名

BD00783 金光明最勝王經卷三

（唐）義净 譯

292.5cm × 24.5cm

尒二者法施能令衆生出於三界財施
不出欲界三者法施能淨法身財施但唯
長於色四者法施无窮財施有盡五者法
能斷无明財施唯伏貪愛是故善男子如
功德无量无邊難可辟喻如我昔行菩薩道
時勸請諸佛轉大法輪由彼善根是故今日
一切帝釋諸梵王等勸請於我轉大法輪善
男子請轉法輪爲欲度脫安樂諸衆生故我
於往昔爲菩提行勸請如來久住於世莫般
涅槃依此善根我得十力四无所畏四无礙
辯大慈大悲證得无數不共之法我當入於
无餘涅槃我之正法久住於世我法身者清
淨无比種種妙相无量智慧无量自在无量
功德難可思議一切衆生皆蒙利益百千万
劫說不能盡法身攝藏一切諸法一切諸法

非斷見能破衆生種種異見能生衆生種種
真見能解一切衆生之縛无縛可解能植衆
生諸善根本未成熟者令成熟已成熟者令
解脫无作无動遠離闠閙寂靜无為自在安
樂過於三世能現三世出於聲聞獨覺之境
諸大菩薩之所修行一切如來體无有異此
等皆由勸請功德善根力故如是法身我今
已得是故若有欲得阿耨多羅三藐三菩提
者於諸經中一句一頌為人解說功德善根
尚无限量何况勸請如來轉大法輪久住於
世莫般涅槃
時天帝釋復白佛言世尊若善男子善女人
為求阿耨多羅三藐三菩提故修三乘道所
有善根云何迴向一切智智佛告天帝善男
子若有衆生欲求菩提修三乘道所有善

子若有衆生欲求菩提修三乘道所有善
根願迴向者當於晝夜六時慇重至心作如是
說我從无始生死以來於三寶所修行成就
所有善根乃至施與傍生一摶之食或以善
言和解諍訟或受三歸及諸學處或復懺悔
勸請隨喜所有善根我今作意悉皆攝取迴
施一切衆生无悔悋心是解脫分善根所攝
如佛世尊之所知見不可稱量无礙清淨如
是所有功德善根悉以迴施一切衆生不住
相心不捨相心我亦如是功德善根悉以迴
施一切衆生願皆獲得如意之手摛空出寶
滿衆生願富樂无盡智慧无窮妙法辯才悉
皆无滯共諸衆生同證阿耨多羅三藐三菩
提得一切智因此善根更復出生无量善法
亦皆迴向无上菩提又如過去諸大菩薩修

迴向阿耨多羅三藐三菩提是諸善根願共一
切衆生俱成正覺如餘諸佛坐於道場菩
提樹下不可思議无礙清淨住於无盡法藏陁
羅尼首楞嚴定破魔波旬无量兵衆應見
覺知應可通達如是一切一刹那中悉皆照了
於後夜中獲甘露法證甘露義我及衆生願
皆證如是妙覺猶如
无量壽佛 勝光佛 妙光佛 阿閦佛
功德善光佛 師子光明佛 百光明佛 網光明佛
寶相佛 寶燄佛 燄明佛 燄盛光明佛
吉祥上王佛 微妙聲佛 妙莊嚴佛 法幢佛
上勝身佛 可愛色身佛 光明遍照佛 梵淨王佛
上性佛
如是等如來應正遍知過去未來及以現在
示現應化得阿耨多羅三藐三菩提轉无上

如是等如來應正遍知過去未來以現在
示現應化得阿耨多羅三藐三菩提轉无上
法輪為度衆生我亦如是廣說如上
善男子若有淨男子女人於此金光明最
勝經王滅業障品受持讀誦憶念不忘為他
廣說得无量无邊大功德聚譬如三千大千
世界所有衆生一時皆得成就人身得人身
已成獨覺道若有男子女人盡其形壽恭
敬尊重四事供養一一獨覺各施七寶如須弥
山此諸獨覺入涅槃後皆以珎寶起塔供養
其塔高廣十二瑜繕那以諸花香寶幢幡蓋
常為供養善男子於意云何是人所獲功德
寧為多不天帝釋言甚多世尊善男子若復
有人於此金光明微妙經典衆經之王滅業
障品受持讀誦憶念不忘為他廣說所獲功
德於前所說供養功德百分不及一百千分

億劫[illegible]至於[illegible]劫[illegible]作[illegible]
男子善女人住正行中勸請十方一切諸佛
轉无上法輪皆為諸佛歡喜讚歎善男子如
我所説一切施中法施為勝是故善男子於
三寶所設諸供養不可為比勸受三歸持一
切戒无有毀犯三業不空不可為比一切世
界一切衆生随力随能随所願樂於三乘中
勸發菩提心不可為比於三世中一切世界
所有衆生皆得无礙速令成就无量功德不
可為比三世刹土一切衆生令无障礙得三
菩提不可為比三世刹土一切衆生勸令速
出四惡道苦不可為比三世刹土一切衆生
勸令除滅極重惡不可為比一切苦惱勸
令解脱不可為比一切怖畏苦惱逼切皆令
得解不可為比三世佛前一切衆生所有功
德勸令随喜發菩提願不可為比勸除惡行

得解不可為比三世佛前一切衆生所有功
德勸令隨喜發菩提願不可為比勸除惡行
罵辱之業一切功德皆願成就所在生中勸請
供養尊重讚歎一切三寶勸請衆生淨修福
行成滿菩提不可為比是故當知勸請一
切世界三世三寶勸請滿足六波羅蜜勸請
轉於无上法輪勸請住世經无量劫演說无
量甚深妙法功德甚深无能比者
尒時天帝釋及恒河女神无量梵王四大天
衆從座而起偏袒右肩右膝着地合掌頂礼
白佛言世尊我等皆得聞是金光明最勝王
經今悉受持讀誦利為他廣說依此法住
何以故世尊我等欲求阿耨多羅三藐三菩
提隨順此義種種勝相如法行故尒時梵王
及天帝釋等於說法處皆以種種曼陁羅花

[illegible]
妙音聲時天帝釋白佛言世尊此等皆是金
光明經威神之力慈悲普救種種利益種種
增長菩薩善根滅諸業障佛言如是如是如
汝所說何以故善男子我念往昔過无量百
千阿僧祇劫有佛名寶王大光照如來應
正遍知出現於世住世六百八十億劫尒時
寶王大光照如來為欲度脫人天釋梵沙門
婆羅門一切衆生令安樂故當出現時初會
說法度百千億億万衆皆得阿羅漢果諸漏
已盡三明六通自在无礙於第二會復度九
十千億億万衆皆得阿羅漢果諸漏已盡三
明六通自在无礙於第三會復度九十八千
億億万衆皆得阿羅漢果圓滿如上
善男子我於尒時作女人身名福寶光明於
第三會親近世尊受持讀誦是金光明經為

BD00783　金光明最勝王經卷三

善男子我於尒時作女人身名福寶光明於
第三會親近世尊受持讀誦是金光明經為
他廣説求阿耨多羅三藐三菩提故時彼世
尊為我授記此福寶光明女於未來世當得
作佛号釋迦牟尼如來應正遍知明行足善
逝世間解无上士調御丈夫天人師佛世尊
捨女身後從是以來越四惡道生人天中受
上妙樂八十四百千生作轉輪王至于今日得
成正覺名稱普聞遍滿世界時會大衆忽
然皆見寶王大光照如來轉无上法輪説微
妙法善男子去此娑訶世界東方過百千恒
河沙數佛土有世界名寶莊嚴其寶王大光
照如來今現在彼未般涅槃説微妙法廣化
群生汝等見者即是彼佛
善男子若有善男子善女人聞是寶王大光
照如來名[illegible]菩薩地得不退轉[illegible]

佛來至其所既見佛已究竟不復更受女身

善男子是金光明微妙經典種種利益種種
增長菩薩善根滅諸業障善男子若有苾
蒭苾蒭尼鄔波索迦鄔波斯迦随在何處為
講說是金光明微妙經典於其國土皆獲四種
福利善根云何為四一者國王无病離諸灾厄
二者壽命長遠无有障礙三者无諸怨敵
兵衆勇健四者安隱豊樂正法流通何以故如
是人王常為釋梵四王藥叉之衆共守護故尒
時世尊告天衆曰善男子是事實不是時无
量釋梵四王及藥叉衆俱時同聲荅世尊
言如是如是若有國主講宣讀誦此妙經王是
諸國主我等四王常來擁護行住共俱其王若
有一切灾障及諸怨敵我等四王皆使消殄憂

有一切灾障及諸惡敵我等四王皆使消殄憂
愁疾疫亦令除差增益壽命感應禎祥所
願遂心恒生歡喜我等亦能令其國中所
有軍兵悉皆勇健佛言善哉善哉善男子如
汝所說汝當修行何以故是諸國王如法行時
一切人民隨王修習如法行者汝等皆蒙色
力勝利宮殿光明屬强盛時釋梵等白佛
言如是世尊佛言若有講讀此妙經典流
通之處於其國中大臣輔相有四種益云何
為四一者更相親穆尊重愛念二者常為人
王心所愛重亦為沙門婆羅門大國小國之
所遵敬三者輕財重法不求世利嘉名普暨
衆所欽仰四者壽命延長安隱快樂是名四
益若有國王宣說是經沙門婆羅門得四種

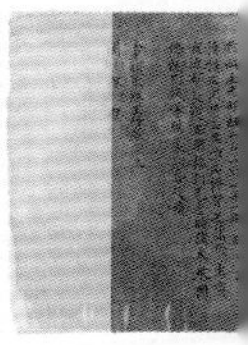

山林得安樂住四者隨心所願皆得滿足是
名四種勝利若有國主宣說是經一切人民皆
得豐樂无諸疾疫商估往還多獲寶貨具
足勝福是名種種功德利益
尒時梵釋四天王及諸大衆白佛言世尊如
是經典甚深之義若現在者當知如來卅七
種助菩提法住世未滅若是經典滅盡之時
正法亦滅佛言如是如是善男子是故汝等
於此金光明經一句一頌一品一部皆當一心正
讀誦正聞持正思惟正修習為諸衆生廣
宣流布長夜安樂福利无邊時諸大衆聞
佛說已咸蒙勝益歡喜受持

金光明最勝王經卷第三

闇胡 綦莫 瑿其

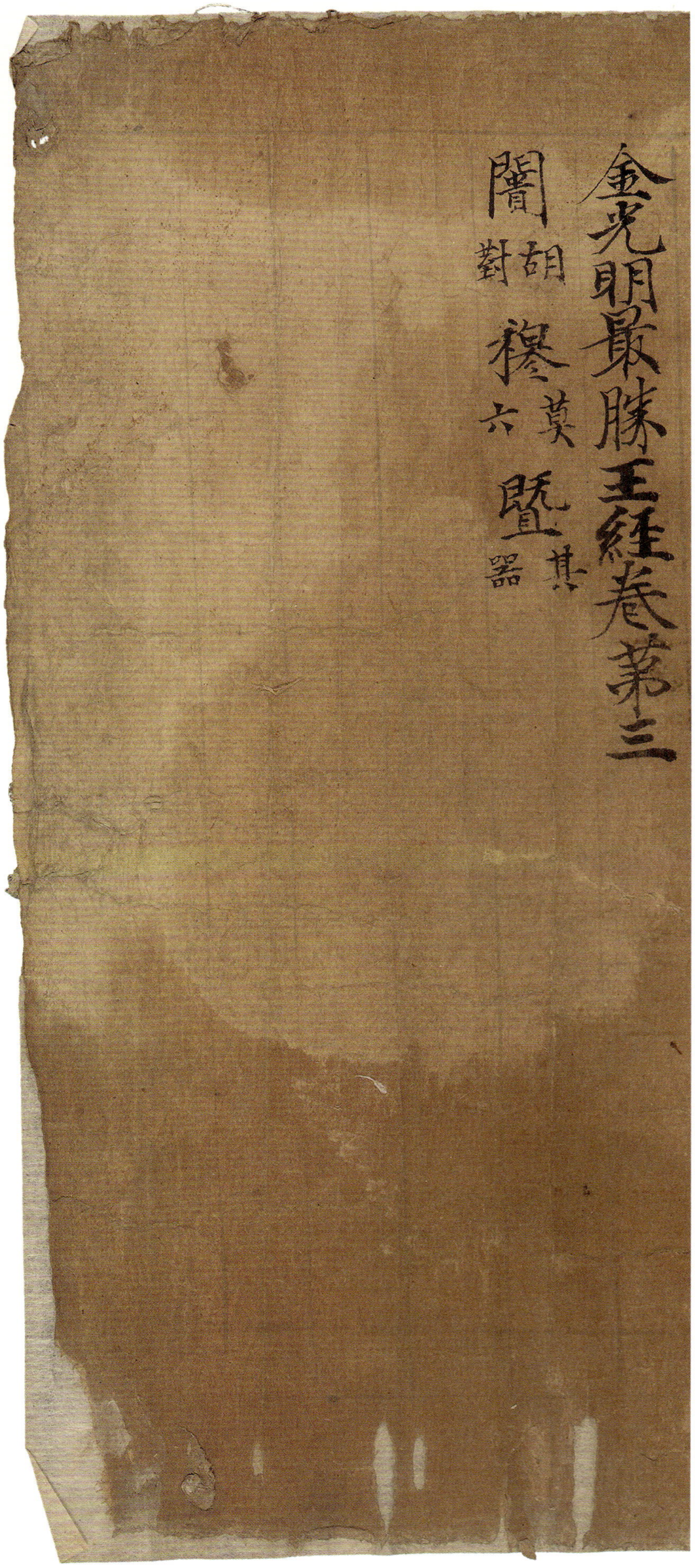
金光明最勝王經卷第三
闇 胡對
襂 莫六
暨 其器

BD00784 妙法蓮華經卷二

（後秦）鳩摩羅什 譯

93.7cm × 27.6cm

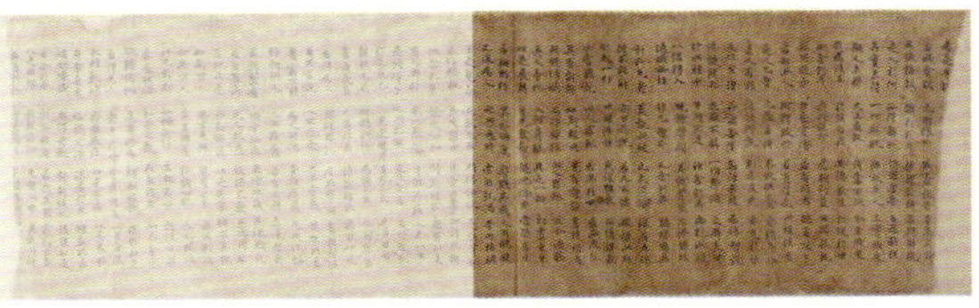

為是等故　[illegible]
若滅貪欲　无所依止　滅盡諸苦　名第三諦
為滅諦故　脩行於道　離諸苦縛　名得解脫
是人於何　而得解脫　但離虛妄　名為解脫
其實未得　一切解脫　佛說是人　未實滅度
斯人未得　无上道故　我意不欲　令至滅度
我為法王　於法自在　安隱衆生　故現於世
汝舍利弗　我此法印　為欲利益　世間故說
在所遊方　勿妄宣傳　若有聞者　隨喜頂受
當知此人　阿鞞跋致　若有信受　此經法者
是人已曾　見過去佛　恭敬供養　亦聞是法
若人有能　信汝所說　則為見我　亦見於汝

淺識聞之　迷惑不解　一切聲聞　及辟
於此經中　力所不及　汝舍利弗　尚於此經
以信得入　況餘聲聞　其餘聲聞　信佛語故
隨順此經　非己智分　又舍利弗　憍慢懈怠
計我見者　莫說此經　凡夫淺識　深著五欲
聞不能解　亦勿為說　若人不信　毀謗此經
則斷一切　世間佛種　或復顰蹙　而懷疑惑
汝當聽說　此人罪報　若佛在世　若滅度後
其有誹謗　如斯經典　見有讀誦　書持經者
輕賤憎嫉　而懷結恨　此人罪報　汝今復聽
其人命終　入阿鼻獄　具足一劫　劫盡更生
如是展轉　至無數劫　從地獄出　當墮畜生
若狗野干　其形頷瘦　黧黮疥癩　人所觸嬈
又復為人　之所惡賤　常困飢渴　骨肉枯竭

又復為人　之所惡賤　常困飢渴　骨肉枯竭
生受楚毒　死被瓦石　斷佛種故　受斯罪報
若作駱駝　或生驢中　身常負重　加諸杖捶
但念水草　餘无所知　謗斯經故　獲罪如是
有作野干　來入聚落　身體疥癩　又无一目
為諸童子　之所打擲　受諸苦痛　或時致死
於是死已　更受蟒身　其形長大　五百由旬
聾騃无足　婉轉腹行　為諸小虫　之所唼食
晝夜受苦　无有休息　謗斯經故　獲罪如是
若得為人　諸根闇鈍　矬陋攣躄　盲聾背傴
有所言說　人不信受　口氣常臭　鬼魅所著
貧窮下賤　為人所使　多病痟瘦　无所依怙
雖親附人　人不在意　若有所得　尋復忘失

若自有病　无人救療　設服良藥　而復增劇
若他反逆　抄劫竊盜　如是等罪　橫羅其殃
如斯罪人　永不見佛　衆聖之王　說法教化
如斯罪人　常生難處　狂聾心亂　永不聞法
於无數劫　如恒河沙　生輒聾瘂　諸根不具
常處地獄　如遊園觀　在餘惡道　如己舍宅
駝驢猪狗　是其行處　謗斯經故　獲罪如是
若得為人　聾盲瘖瘂　貧窮諸衰　以自莊嚴
水腫乾痟　疥癩癰疽　如是等病　以為衣服
身常臭處　垢穢不淨　深著我見　增益瞋恚
婬欲熾盛　不擇禽獸　謗斯經故　獲罪如是
告舍利弗　謗斯經者　若說其罪　窮劫不盡
以是因緣　我故語汝　无智人中　莫說此經
若有利根　智慧明了　多聞強識

BD00785 大般若波羅蜜多經卷三四九

（唐）玄奘 譯

536.9cm × 26.6cm

世界外或百俱胝
或百千俱胝世界外或一那庾多世界外或
十那庾多世界外或百那庾多世界外或千
那庾多世界外或百千那庾多世界外或百
千俱胝那庾多世界外應可度者我必當往
方便教化令其受持或一學處或二或三乃
至具戒況教令得或預流果或一來果或不
還果或阿羅漢果或獨覺菩提或令安住諸
佛无上正等菩提尚无懈倦況教无量无邊
有情皆令獲得世出世間利益安樂復持如
是精進善根與諸有情平等共有迴向无上
正等菩提以无所得而為方便如是迴向大菩
[illegible]

處如是三心皆不起善現是為菩薩摩
訶薩安住安忍波羅蜜多引攝精進波羅蜜
多具壽善現復白佛言世尊云何菩薩摩訶
薩安住安忍波羅蜜多引攝靜慮波羅蜜多
佛言善現若菩薩摩訶薩安住安忍波羅蜜
多攝心无亂離欲惡不善法有尋有伺離生
喜樂入初靜慮具足住如是或入第二第三
第四靜慮具足住或入空无邊處定具足住
或入識无邊處无所有處非想非非想處定
具足住或入滅定具足住是諸定中隨所生
起心心所法及所引善一切合集與諸有情
平等共有迴向无上正等菩提以无所得而
為方便如是迴向大菩提時遠離三心謂誰
迴向用何迴向迴向何處如是三心皆不起

迴向用何迴向迴向何處如是三心皆永不起
於諸靜慮及靜慮支俱无所得善現是為
菩薩摩訶薩安住安忍波羅蜜多引攝靜慮
波羅蜜多具壽善現復白佛言世尊云何菩
薩摩訶薩安住安忍波羅蜜多引攝般若波
羅蜜多佛言善現若菩薩摩訶薩安住安忍
波羅蜜多脩行般若波羅蜜多菩薩尒時雖
以遠離行相或以寂靜行相或以无盡行相
或以永滅行相觀一切法而於法性能不作
證乃至能坐妙菩提座證得无上正等菩提
從此座起轉正法輪利益安樂諸有情類復
持如是妙慧善根與諸有情平等共有迴向
无上正等菩提以无所得而為方便如是迴

迴向阿耨多羅三藐三菩提[illegible]
薩摩訶薩安住安忍波羅蜜多引攝般若波
羅蜜多如是引攝非取非捨
尒時具壽善現白佛言世尊云何菩薩摩訶
薩安住精進波羅蜜多引攝布施波羅蜜多
佛言善現若菩薩摩訶薩安住精進波羅蜜
多身心精進常无懈息求諸善法曾无猒倦
恒作是念我必應得所求无上正等菩提不
應不得是菩薩摩訶薩常求利樂一切有情
恒作是念若一有情在一踰繕那外或十踰繕
那外或百踰繕那外或千踰繕那外或百
千踰繕那外或一俱胝踰繕那外或十俱胝
踰繕那外或百俱胝踰繕那外或千俱胝踰
繕那外或百千俱胝踰繕那外或一那庾多

BD00785　大般若波羅蜜多經卷三四九

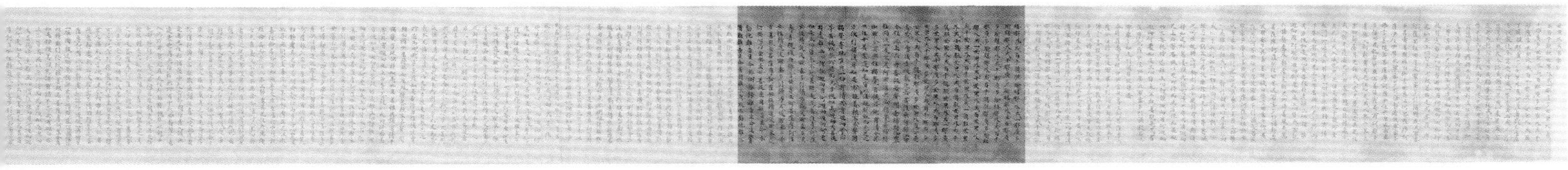

繕那外或百千俱胝踰繕那外或一那庾多
踰繕那外或十那庾多踰繕那外或百那庾
多踰繕那外或千那庾多踰繕那外或百千
那庾多踰繕那外或百千俱胝那庾多踰繕
那外或一世界外或十世界外或百世界外
或千世界外或百千世界外或一俱胝世界
外或十俱胝世界外或百俱胝世界外或千
俱胝世界外或百千俱胝世界外或一那庾
多世界外或十那庾多世界外或百那庾多
世界外或千那庾多世界外或百千那庾多
世界外或百千俱胝那庾多世界外應可度
者我必當往方便教化若菩薩乘補特伽羅
令住無上正等菩提若聲聞乘補特伽羅令

安住十善業道如是皆以法施財施而充足之
方便引攝復持如是布施善根不求聲聞
獨覺等地唯與一切有情共有迴向無上正
等菩提以無所得而為方便如是迴向大菩提
時遠離三心謂誰迴向用何迴向迴向何處
如是三心皆永不起善現是為菩薩摩訶薩
安住精進波羅蜜多引攝布施波羅蜜多具
壽善現復白佛言世尊云何菩薩摩訶薩
安住精進波羅蜜多引攝淨戒波羅蜜多佛
言善現若菩薩摩訶薩安住精進波羅蜜多從
初發心乃至安坐妙菩提座自離害生命亦
勸他離害生命無倒稱揚離害生命法歡喜
讚歎離害生命者自離不與取亦勸他離不

BD00785　大般若波羅蜜多經卷三四九

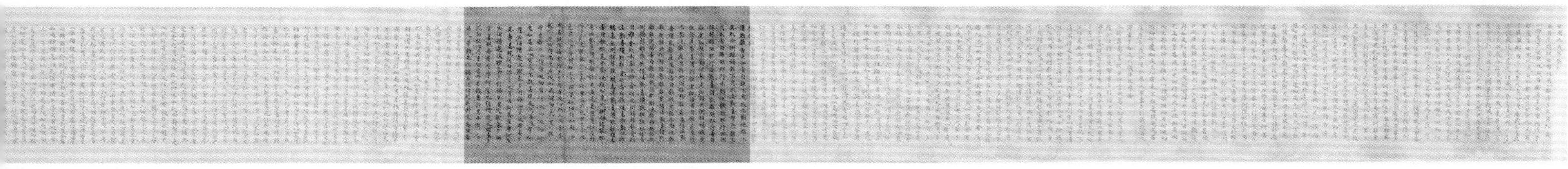

讚歎離害生命者自離不與取亦勸他離不
與取無倒稱楊離不與取法歡喜讚歎離不
與取者自離欲邪行亦勸他離欲邪行無倒
稱楊離欲邪行法歡喜讚歎離欲邪行者自
離虛誑語亦勸他離虛誑語無倒稱楊離虛
誑語法歡喜讚歎離虛誑語者自離麁惡語
亦勸他離麁惡語無倒稱楊離麁惡語法歡
喜讚歎離麁惡語者自離離閒語亦勸他離
離閒語無倒稱楊離離閒語法歡喜讚歎
離離閒語者自離雜穢語亦勸他離雜穢語無
倒稱楊離雜穢語法歡喜讚歎離雜穢語者
自離貪欲亦勸他離貪欲無倒稱楊離貪欲
法歡喜讚歎離貪欲者自離瞋恚亦勸他離

者自離邪見亦勸他離邪見無倒稱揚離邪
見法歡喜讚歎離邪見者是菩薩摩訶薩持
此淨戒波羅蜜多不求欲界不求色界不求無
色界不求聲聞地不求獨覺地但持如是淨
戒善根與諸有情平等共有迴向無上正等菩
提以無所得而為方便如是迴向大菩提
時遠離三心謂誰迴向用何迴向迴向何
處如是三心皆永不起善現是為菩薩摩訶
薩安住精進波羅蜜多引攝淨戒波羅蜜多
具壽善現復白佛言世尊云何菩薩摩訶薩
安住精進波羅蜜多引攝安忍波羅蜜多佛
言善現若菩薩摩訶薩安住精進波羅蜜多
從初發心乃至安坐妙菩提座於其中間人
非人等競來惱觸或復斫刺斷割支節隨意

BD00785　大般若波羅蜜多經卷三四九

非人等競來惱觸或復斫刺斷割支節隨意
持去菩薩介時不作是念誰斫刺我誰斷割
我誰復持去但作是念我今獲得廣大善利
彼諸有情為益我故來斷割我身分支節然
我本為諸有情故而受此身彼來自取己之
所有而成我事菩薩如是審諦思惟諸法實
相而脩安忍持此安忍殊勝善根不求聲聞
獨覺等地但持如是安忍善根與諸有情平
等共有迴向無上正等菩提以無所得而為
方便如是迴向大菩提時遠離三心謂誰迴
向用何迴向迴向何處如是三心皆永不起
善現是為菩薩摩訶薩安住精進波羅蜜
多引攝安忍波羅蜜多具壽善現復白佛言
世尊云何菩薩摩訶薩安住精進

薩安住精進波羅蜜多脩習諸定是菩薩摩
訶薩離欲惡不善法有尋有伺離生喜樂入
初靜慮具足住尋伺寂靜住内等淨心一趣性
無尋無伺定生喜樂入第二靜慮具足住離
喜住捨具念正知領身受樂聖者於中能說
能捨具念樂住入第三靜慮具足住斷樂斷
苦先喜憂沒不苦不樂捨念清淨入第四靜
慮具足住是菩薩摩訶薩於諸有情起與樂
想作意入慈無量具足住於諸有情起拔苦
想作意入悲無量具足住於諸有情起慶喜
想作意入喜無量具足住於諸有情起離苦
樂平等想作意入捨無量具足住是菩薩摩
訶薩於諸色中起猒患想作意入空無邊處

訶薩於諸色中起猒麁想作意入空無邊處
定具足住於諸識中起寂靜想作意入識無
邊處定具足住於無所有中起寂靜想作意
入無所有處定具足住於非有想非無想中
起寂靜想作意入非想非非想處定具足住
於滅想受定起心息想作意入滅想受定具
足住是菩薩摩訶薩雖脩如是靜慮無量
無色滅定而不攝取彼果熟果但隨有情應
可受化作利樂處而於中生既生彼已用四攝
事而攝取之方便安立令於布施淨戒安忍
精進靜慮般若波羅蜜多精勤脩學是菩
薩摩訶薩依諸靜慮起勝神通從一佛國至
一佛國親近供養諸佛世尊請問甚深諸法性

[illegible]
上正等菩提以無所得而爲方便如是迴向
大菩提時遠離三心謂誰迴向用何迴向迴
向何處如是三心皆永不起善現是爲菩薩
摩訶薩安住精進波羅蜜多引攝靜慮波羅
蜜多具壽善現復白佛言世尊云何菩薩摩
訶薩安住精進波羅蜜多引攝般若波羅蜜
多佛言善現若菩薩摩訶薩安住精進波羅
蜜多是菩薩摩訶薩能於布施波羅蜜多不
見名不見事不見性不見相能於淨戒安忍
精進靜慮般若波羅蜜多亦不見名不見事
不見性不見相若菩薩摩訶薩安住精進波
羅蜜多是菩薩摩訶薩能於四念住不見名
不見事不見性不見相能於四正斷四神足

不見事不見性不見相能於四正斷四神足
五根五力七等覺支八聖道支亦不見名不
見事不見性不見相若菩薩摩訶薩安住精
進波羅蜜多是菩薩摩訶薩能於內空不見
名不見事不見性不見相能於外空內外空
空空大空勝義空有為空無為空畢竟空無
際空散空無變異空本性空自相空共相空
一切法空不可得空無性空自性空無性自
性空亦不見名不見事不見性不見相若菩
薩摩訶薩安住精進波羅蜜多是菩薩摩訶
薩能於真如不見名不見事不見性不見相
能於法界法性不虛妄性不變異性平等性
離生性法定法住實際虛空界不思議界亦
不見名不見事不見性不見相若菩薩摩訶

薩安住精進波羅蜜多
苦聖諦不見名不見事不見性不見相能於
集滅道聖諦亦不見名不見事不見性不見
相若菩薩摩訶薩安住精進波羅蜜多是菩
薩摩訶薩能於四靜慮不見名不見事不見
性不見相能於四無量四無色定亦不見名
不見事不見性不見相若菩薩摩訶薩安住
精進波羅蜜多是菩薩摩訶薩能於八解
脱不見名不見事不見性不見相能於八勝
處九次第定十遍處亦不見名不見事不見
性不見相若菩薩摩訶薩安住精進波羅蜜
多是菩薩摩訶薩能於空解脱門不見名不見
事不見性不見相能於無相無願解脱門亦
不見名不見事不見性不見相若菩薩摩訶

BD00785　大般若波羅蜜多經卷三四九

不見名不見事不見性不見相若菩薩摩訶
薩安住精進波羅蜜多是菩薩摩訶薩能於
五眼不見名不見事不見性不見於相能於六
神通亦不見名不見事不見性不見相若菩
薩摩訶薩安住精進波羅蜜多是菩薩摩
訶薩能於佛十力不見名不見事不見性不見
相能於四無所畏四無礙解大慈大悲大喜
大捨十八佛不共法亦不見名不見事不見
性不見相若菩薩摩訶薩安住精進波羅蜜
多是菩薩摩訶薩能於無忘失法不見名不
見事不見性不見相能於恒住捨性亦不見
見事不見性不見相若菩薩摩訶薩安
進波羅蜜多是菩薩摩訶薩能於一切

摩訶薩安住精進波羅蜜多是菩
能於一切陁羅尼門不見名不見
事不見性不見相能於一切三摩地門亦不
見名不見事不見性不見相若菩薩摩訶薩
住精進波羅蜜多是菩薩摩訶薩能於一切
菩薩摩訶薩行不見名不見事不見性不
見相能於諸佛無上正等菩提亦不見名不
見事不見性不見相若菩薩摩訶薩安住精
進波羅蜜多是菩薩摩訶薩能於預流果不
見名不見事不見性不見相能於一來不還
阿羅漢果及獨覺菩提亦不見名不見事不
見性不見相若菩薩摩訶薩安住精進波
羅蜜多是菩薩摩訶薩能於色不見名不見

羅蜜多是菩薩摩訶薩能於色不見名不見
事不見性不見相能於受想行識亦不見名不
見事不見性不見相若菩薩摩訶薩安住精
進波羅蜜多是菩薩摩訶薩能於眼處不見
名不見事不見性不見相能於耳鼻舌身意
處亦不見名不見事不見性不見相若菩薩
摩訶薩安住精進波羅蜜多是菩薩摩訶薩
能於色處不見名不見事不見性不見相能
於聲香味觸法處亦不見名不見事不見性
不見相若菩薩摩訶薩安住精進波羅蜜多
是菩薩摩訶薩能於眼界不見名不見事不
見性不見相能於耳鼻舌身意界亦不見名
不見事不見性不見相若菩薩摩訶薩安住

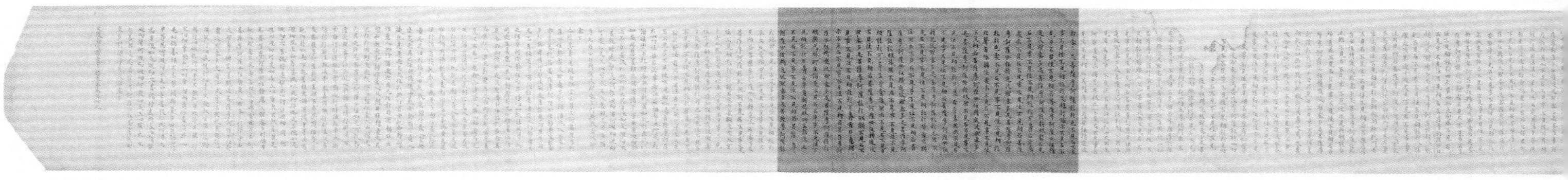

見名不見事不見性
法界亦不見名不見事不見性不見相若菩
薩摩訶薩安住精進波羅蜜多是菩薩摩訶
薩能於眼識界不見名不見事不見性不見
相能於耳鼻舌身意識界亦不見名不見事
不見性不見相若菩薩摩訶薩安住精進波
羅蜜多是菩薩摩訶薩能於眼觸不見名不
見事不見性不見相能於耳鼻香身意觸
亦不見名不見事不見性不見相若菩薩摩訶
薩安住精進波羅蜜多是菩薩摩訶薩能於
眼觸為緣所生諸受不見名不見事不見性不
見相能於耳鼻舌身意觸為緣所生諸受亦
不見名不見事不見性不見相若菩薩　摩
訶薩安住精進波羅蜜多是菩薩摩訶薩能

BD00785　大般若波羅蜜多經卷三四九

訶薩安住精進波羅蜜多是菩薩摩訶薩能
於地界不見名不見事不見性不見相能於
水火風空識界亦不見名不見事不見性不
見相若菩薩摩訶薩安住精進波羅蜜多是
菩薩摩訶薩能於無明不見名不見事不見
性不見相能於行識名色六處觸受愛取有
生老死愁歎苦憂惱亦不見名不見事不見
性不見相若菩薩摩訶薩安住精進波羅蜜
多是菩薩摩訶薩能於有色無色法不見名
不見事不見性不見相能於有見無見法有
對無對法有漏無漏法有為無為法亦不見
名不見事不見性不見相如是菩薩摩訶薩
於一切法若名若事若性若相都無所見於

如是如[illegible]
上正等菩提以無所得而為方便如是迴向大
菩提時遠離三心謂誰迴向用何迴向迴向
何處如是三心皆永不起善現是為菩薩
摩訶薩安住精進波羅蜜多引攝般若波羅
蜜多
尒時具壽善現白佛言世尊云何菩薩摩訶
薩安住靜慮波羅蜜多引攝布施波羅蜜多
佛言善現若菩薩摩訶薩安住靜慮波羅蜜
多於諸有情行財法施是菩薩摩訶薩離欲
惡不善法有尋有伺離生喜樂入初靜慮具
足住尋伺寂靜住內等淨心一趣性無尋無
伺定生喜樂入第二靜慮具足住離喜住捨
具念正知領身受樂聖者於中能說能捨具

具念正知領身受樂聖者於中能說能捨具
念樂住入第三靜慮具足住斷樂斷苦先喜
憂沒不苦不樂捨念清淨入第四靜慮具足
住於諸有情起與樂想作意入慈無量具足
住於諸有情起拔苦想作意入悲無量具足
住於諸有情起慶喜想作意入喜無量具足
住於諸有情起離苦樂平等想作意入捨無
量具足住於諸色中起厭麤想作意入空無
邊處定具足住於諸識中起寂靜想作意入
識無邊處定具足住於無所有中起寂靜想
作意入無所有處定具足住於非有想非無
想中起寂靜想作意入非想非非想處定具
足住於滅想受定起正息想作意入滅想受

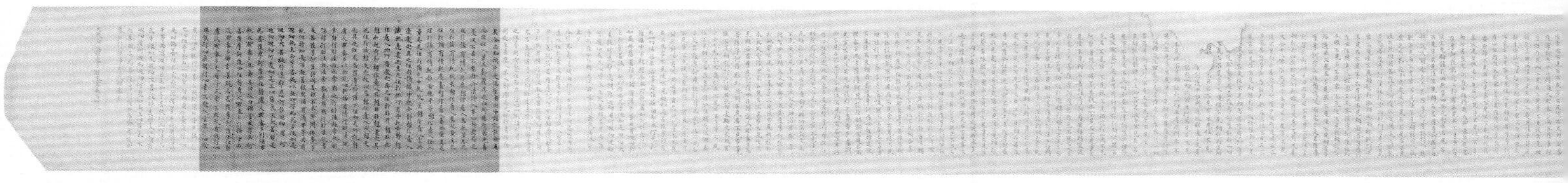

常自行財法施亦常勸他行財法施常無倒
稱揚行財法施法常歡喜讚歎行財法施者
是菩薩摩訶薩持此善根不求聲聞獨覺等
地但持如是布施善根與諸有情平等共有
迴向無上正等菩提以無所得而為方便如是
迴向大菩提時遠離三心謂誰迴向用何
迴向迴向何處如是三心皆永不起善現是
為菩薩摩訶薩安住靜慮波羅蜜多引攝布
施波羅蜜多具壽善現復白佛言世尊云何
菩薩摩訶薩安住靜慮波羅蜜多引攝淨戒
波羅蜜多佛言善現若菩薩摩訶薩安住靜
慮波羅蜜多受持淨戒常不發起貪俱行心
瞋俱行心癡俱行心常不發起害俱行心慳

BD00785　大般若波羅蜜多經卷三四九

瞋俱行心癡俱行心常不發起害俱行心慳
俱行心嫉俱行心常不發起染毀淨戒俱行
之心但常發起一切智智相應作意復持如
是功德善根不求聲聞獨覺等地與諸有情
平等共有迴向無上正等菩提以無所得而
爲方便如是迴向大菩提時遠離三心謂誰
迴向用何迴向迴向何處如是三心皆永不
起善現是爲菩薩摩訶薩安住靜慮波羅
蜜多引攝淨戒波羅蜜多

大般若波羅蜜多經卷第三百卌九

BD00785　大般若波羅蜜多經卷三四九

BD00786 金光明最勝王經卷八

（唐）義净 譯

499.6cm × 26cm

世尊若人誦持如是神呪請召我時我聞請
已即至其所令願得遂世尊是灌頂法句定
成就句真實之句无虛誑句是平等行於諸
衆生是正善根若有受持讀誦呪者應七日
七夜受八支戒於晨朝時先嚼齒木淨澡漱
已及於晡後香花供養一切諸佛自陳其罪
當為已身及諸含識迴向發願令所希求速
得成就淨治一室或在空閑阿蘭若處瞿摩
為壇燒栴檀香而為供養置一勝座幡□莊
嚴以諸名花布列壇內應當至心誦持前呪
希望我至我於尒時即便護念觀察是人来
入其室就座而坐受其供養從是以後當令
[illegible]

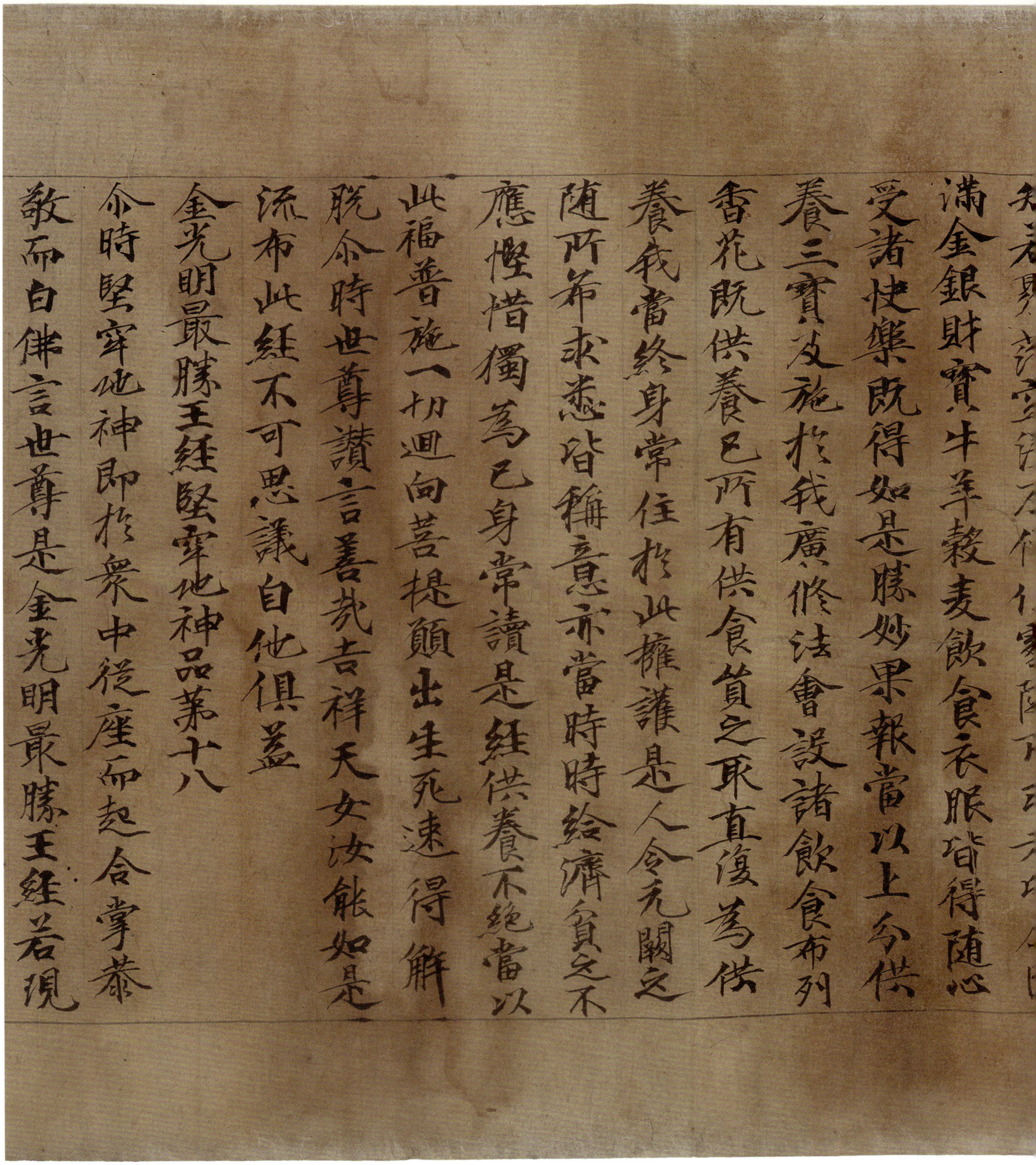

滿金銀財寶牛羊穀麥飲食衣服皆得隨心
受諸快樂既得如是勝妙果報當以上分供
養三寶及施於我廣修法會設諸飲食布列
香花既供養已所有供食貨之取直復為供
養我當終身常住於此擁護是人令无闕乏
隨所希求悉皆稱意亦當時時給濟貧乏不
應慳惜獨為己身常讀是經供養不絕當以
此福普施一切迴向菩提願出生死速得解
脫尒時世尊讚言善哉吉祥天女汝能如是
流布此經不可思議自他俱益
金光明最勝王經堅牢地神品第十八
尒時堅牢地神即於衆中從座而起合掌恭
敬而白佛言世尊是金光明最勝王經若現

BD00786　金光明最勝王經卷八

敬而白佛言世尊是金光明最勝王經若現
在世若未来世若在城邑聚落王宮樓觀及
阿蘭若山澤空林有此經王流布之處世尊
我當往詣其所供養恭敬擁護流通若有方
處爲說法師敷置高座演說經者我以神力
不現本身在於座所頂戴其足我得聞法深
心歡喜得資法味增益威光慶悅无量自身
既得如是利益亦令大地深十六万八千踰
繕那至金剛輪際令其地味悉皆增益乃至
四海所有土地亦使肥濃田疇沃壤倍勝常日
亦復令此贍部洲中江河池沼所有諸樹藥
草叢林種種花果根莖枝葉及諸苗稼形相
可愛衆所樂觀色香具足皆堪受用若諸有

增益光輝[illegible]
此大地凡有所須百千事業悉皆周備世尊以
是因緣諸贍部洲安隱豐樂人民熾盛無
諸衰惱所有衆生皆受安樂既受如是身
心快樂於此經王深加愛敬所在之處皆願受
持供養恭敬尊重讚歎又復於彼說法大師
法座之處悉皆往彼為諸衆生勸請說是最
勝經王何以故世尊由說此經我之自身并
諸眷屬咸蒙利益光耀氣力勇猛威勢顏
容端正倍勝於常世尊我堅牢地神蒙法味
已令贍部洲縱廣七千踰繕那地皆沃壤乃
至如前所有衆生皆受安樂是故世尊時彼
衆生為報我恩應作是念我當必定聽受是
經恭敬供養尊重讚歎作是念已即從住處

經恭敬供養尊重讚歎作是念已即從住處
城邑聚落舍宅空地詣法會所頂礼法師聽受
是經既聽受已各還本處心生慶喜共作是
言我等今者得聞甚深无上妙法即是攝受
不可思議功德之聚由經力故我等當值无
量无邊百千俱胝那庾多佛承事供養永離
三塗極苦之處復於來世百千生中常生天上
及在人間受諸勝樂時彼諸人各還本
處為諸人衆說是經王若一喻一品一昔因緣
一如来名一菩薩名一四句頌或復一句為
諸衆生說是經典乃至首題名字世尊隨
諸衆生所住之處其地悉皆沃壤肥濃過於
餘處凡是土地所生之物悉得增長滋茂廣
[illegible]

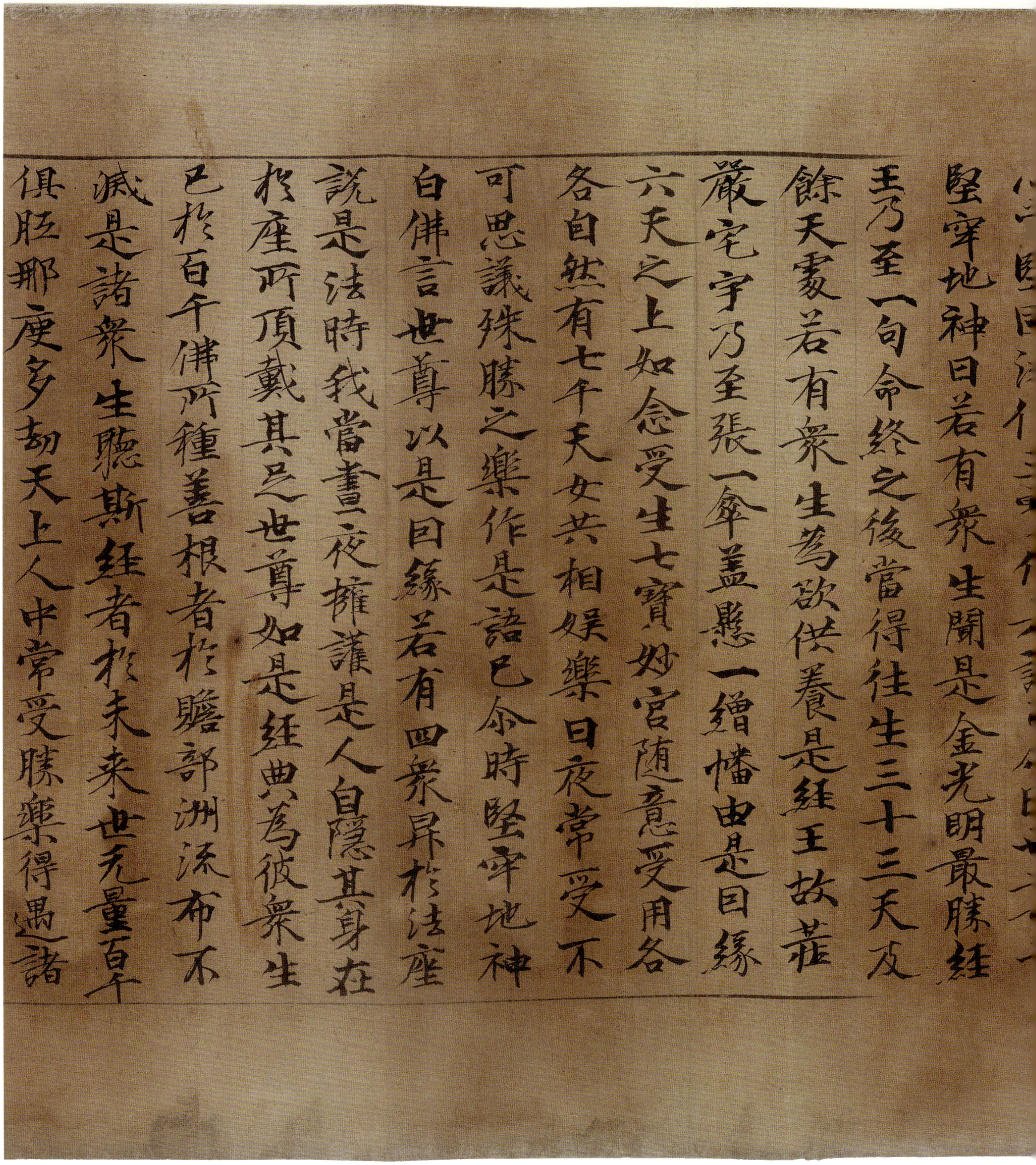

堅牢地神曰若有衆生聞是金光明最勝經
王乃至一句命終之後當得往生三十三天及
餘天處若有衆生為欲供養是經王故莊
嚴宅宇乃至張一傘蓋懸一繒幡由是因緣
六天之上如念受生七寶妙宮隨意受用各
各自然有七千天女共相娛樂日夜常受不
可思議殊勝之樂作是語已尒時堅牢地神
白佛言世尊以是因緣若有四衆昇於法座
說是法時我當晝夜擁護是人自隱其身在
於座所頂戴其足世尊如是經典為彼衆生
已於百千佛所種善根者於贍部洲流布不
滅是諸衆生聽斯經者於未來世无量百千
俱胝那庾多劫天上人中常受勝樂得遇諸

BD00786　金光明最勝王經卷八

俱胝那庾多劫天上人中常受勝樂得遇諸
佛速成阿耨多羅三藐三菩提不歷三塗生
死之苦尒時堅牢地神白佛言世尊我有心
呪能利人天安樂一切若有男子女人及諸四
衆欲得親見我真身者應當至心持此陁羅
尼隨其所願皆悉遂心所謂資財珎寶伏
藏及求神通長年妙藥并療衆病降伏怨敵
制諸異論當持淨室安置道場洗浴身已著
鮮潔衣踞草座上於有舍利尊像之前或有
舍利制底之所燒香散花飲食供養於白月
八日布灑星合即可誦此請召之呪
怛姪他只里只里 主嚕主嚕句嚕句嚕
拘柱句柱覩柱覩柱 縛訶上縛訶

世尊此之神呪若有四衆誦一百八遍請召

於我我為是人即来赴請又復世尊若有衆

生欲得見我現身共語者亦應如前安置法

式誦此神呪

怛姪他頞折泥去 頡力利泥室尸達哩

訶訶呬呬區嚕 伐䵷莎訶

世尊若人持此呪時應誦一百八遍并誦前呪

我必現身隨其所願悉得成就終不虛然若

欲誦此呪時先誦護身呪曰

怛姪他你室里 末捺羯儞捺儞矩儞

勅地上勅地䵷 底儞娌儞矩句儞

佉婆上只里 莎訶

世尊誦此呪時取五色線誦呪二十一遍作

二十一結繫在右髀肘後即便護身无有所

二十一結繫在右臂肘後即便護身无有所
懼若有至心誦此呪者所求必遂我不妄語
我以佛法僧寶而為要契證知是實
尒時世尊告地神曰善㦲善㦲汝能以是實
語神呪護此經王及說法者以是因緣令汝
獲得无量福報

金光明最勝王經僧慎尒耶藥叉大將品第十九

尒時僧慎尒耶藥叉大將并與二十八部藥叉
諸神於大衆中皆從座起偏袒右肩右膝
著地合掌向佛白言世尊此金光明最勝經
王若現在世及未來世所在宣揚流布之處
若於城邑聚落山澤空林或王宮殿或僧住
處世尊我僧慎尒耶藥叉大將并與二十八

男若女童男童女於此經中乃至受持一四
句頌或持一句或此經王首題名号及此經
中一如來名一菩薩名發心稱念恭敬供養
者我當救護攝受令无灾横離苦得樂世尊
何故我名正了知此之因緣是佛親證我知
諸法我曉一切法隨所有一切法如所有一
法諸法種類體性差別世尊如是諸法我能
了知我有難思智光我有難思智炬我有難
思智行我有難思智聚我於難思智境而能
通達世尊如我於一切法正知正曉正覺能
正觀察世尊以是因緣我藥叉大將名正了
知以是義故我能令彼說法之師言詞辯了
具足莊嚴亦令精氣從毛孔入身力充足威

具足莊嚴亦令精氣從毛孔入身力充足威
光勇健難思智光皆得成就得正憶念无有
退屈增益彼身令无衰減諸根安樂常生歡
喜以是因緣為彼有情已於百千佛所殖諸
善根修福業者於贍部洲廣宣流布不速隱
沒彼諸有情聞是經已得不可思議大智光
明及以无量福智之聚於未來世當受无量
俱胝那庾多劫不可思量人天勝樂常與諸
佛共相值遇速證无上正等菩提閻羅之界
三塗極苦不復經過

尒時正了知藥叉大將白佛言世尊我有陀
羅尼今對佛前親自陳說為欲饒益憐愍諸
有情故即說呪曰
南謨佛陀引也 南[illegible]也

南謨曰達羅也　南謨折咄喃
莫昂羅闍喃　怛姪他呬里呬里
弭里弭里瞿里　莫訶瞿里健陁里
莫訶健陁里　達羅弭雉
莫訶達羅弭雉　單荼典勸（駈閉）苐（去）
訶訶訶訶訶　呬呬呬呬呬
呼呼呼呼呼呼　漢魯曇謎瞿曇謎
者者者者者　呂呂呂呂主主主主
旃荼攞（之涉）鉢攞　尸揭羅（上）尸揭羅
嗢底瑟侘呬　薄伽梵僧慎尒耶
莎訶
若復有人於此明呪能受持者我當給與資
生樂具飲食衣服花果珎異或求男女童男

生樂具飲食衣服花果珎異或求男女童男
童女金銀珎寶諸瓔珞具我皆供給隨所願
求令无闕乏此之明呪有大威力若誦呪時
我當速至其所令无障礙隨意成就若持此
呪時應知其法先畫一鋪僧慎尒耶藥叉形
像高四五尺手執鉾鑹於此像前作四方壇
安四滿瓶蜜水或沙糖水塗香抹香燒香及
諸花鬘又於壇前作地火爐中安炭火以蘇
摩芥子燒於爐中口誦前呪一百八遍一遍一
燒乃至我藥叉大將自來現身問呪人曰尒
何所須意所求者即以事荅我即隨言於
所求事皆令滿足或須金銀及諸伏藏或欲
神仙乘空而去或求天眼通或知他心事於一
切有情隨[illegible]

行[illegible][illegible]

尒時世尊告正了知藥叉大將曰善哉善哉
汝能如是利益一切衆生說此神咒擁護正
法福利无邊

金光明最勝王經王法正論品第廿

尒時此大地神女名曰堅牢於大衆中從座
而起頂礼佛足合掌恭敬白佛言世尊於諸
國中為人王者若无正法不能治國安養衆
生及以自身長居勝位唯願世尊慈悲哀愍
當為我說王法正論治國之要令諸人王得
聞法已如說修行正化於世能令勝位永保
安寧國內居人咸蒙利益

尒時世尊於大衆中告堅牢地神曰汝當諦
聽過去有王名力尊幢其王有子名曰妙幢

BD00786　金光明最勝王經卷八

聽過去有王名力尊幢其王有子名曰妙幢
受灌頂位未久之頃尒時父王告妙幢言有
王法正論名天主教法我於昔時受灌頂位
而為國主我之父王名智力尊幢為我說是
王法正論我依此論於二万歲善治國土我
不曾憶起一念心行於非法汝於今日亦應
如是勿以非法而治於國云何名為王法正論
汝今善聽當為汝說尒時力尊幢王即為其
子以妙伽他說正論曰

我說王法論　利安諸有情　為斷世間疑　滅除衆過失
一切諸天衆　及以人中王　當生歡喜心　合掌聽我說
往昔諸天衆　集在金剛山　四王從座起　請問於大梵
梵王最勝尊　天中大自在　願哀愍我等　為斷諸疑惑
云何處人世　而得名為天　復以何因緣　號名曰天子

如是護世間　問彼梵王已　尒時梵天主　即便為彼說
護世汝當知　為利有情故　問我治國法　我說應善聽
由先善業力　生天得作王　若在於人中　統領為人主
諸天共加護　然後入母胎　既至母胎中　諸天復守護
雖生在人世　尊勝故名天　由諸天護持　亦得名天子
三十三天主　分力助人王　及一切諸天　亦資自在力
除滅諸非法　惡業令不生　教有情修善　使得生天上
人及蘇羅衆　并健闥婆等　羅剎旃荼羅　悉皆資半力
父母資半力　令捨惡修善　諸天共護持　示其善惡報
若造善惡業　令於現世中　諸天共護持　示其善惡報
國人造惡業　王捨不禁制　斯非順正理　治擯當如法
若見惡不遮　非法便滋長　遂令王國內　姦詐日增多
王見國中人　造惡不遮止　三十三天衆　咸生忿怒心

王見國中人　造惡不遮止　三十三天衆　咸生忿怒心
因此損國政　諂僞行世間　被他怨敵侵　破壞其國土
居家及資具　積財皆散失　種種諂誑生　更互相侵奪
由正法得王　而不行其法　國土皆破散　如象踏蓮池
惡風起無恒　暴雨非時下　妖星多變怪　日月蝕無光
五穀衆花果　菓實皆不成　國土遭飢饉　由王捨正法
若王捨正法　以惡法化生　諸天處本宮　見已生憂惱
彼諸天王衆　共作如是言　此王作非法　惡黨相親附
王位不久安　諸天皆忿恨　由彼懷忿故　其國當敗亡
以非法教人　流行於國內　鬪諍多姧僞　疾疫衆生苦
天主不護念　餘天咸捨棄　國土當滅亡　王身受苦厄
父母及妻子　兄弟并姊妹　俱遭愛別離　乃至身亡沒
變怪流星墮　二日俱時出　他方怨賊來　國人遭喪亂
[illegible]

國中最大臣　及以諸輔相　其心懷諂佞　並悉行非法
見行非法者　而生於愛敬　於行善法人　苦楚而治罰
由愛敬惡人　治罰善人故　星宿及風雨　皆不以時行
有三種過生　正法當隱沒　衆生無光色　地肥皆下沉
由敬惡輕善　復有三種過　非時降霜雹　飢疫苦流行
穀稼諸果實　滋味皆損減　於其國土中　衆生多疾疫
國中諸樹林　先生甘美果　由斯皆損減　苦澀無滋味
先有妙園林　可愛遊戲處　忽然皆枯悴　見者生憂惱
稻麥諸果實　美味漸消亡　食時心不喜　何能長諸大
衆生光色減　勢力盡衰微　食噉雖復多　不能令飽足
於其國界中　所有衆生類　少力無勇勢　所作不堪能
國人多疾患　衆苦逼其身　鬼魅遍流行　隨處生羅剎
若王作非法　親近於惡人　令三種世間　因斯受衰損

若王作非法　親近於惡人　令三種世間　因斯受衰損
如是無邊過　出在於國中　皆由見惡人　棄捨不治擯
由諸天加護　得作於國王　而不以正法　守護於國界
若人修善行　當得生天上　若造惡業者　死必墮三塗
若王見國人　縱其造過失　三十三天衆　衆生熱惱心
不順諸天教　及以父母言　此是非法人　非王非孝子
若於自國中　見行非法者　如法當治罰　不應生捨棄
是故諸天衆　皆護持此王　以滅諸惡法　能修善根故
王於此世中　必招於現報　由於善惡業　行捨勸衆生
為示善惡報　故得作人王　諸天共護持　一切咸隨喜
由自利利他　治國以正法　見有諂佞者　應當如法治
假使失王位　及以害命緣　終不行惡法　見惡而捨棄
害中極重者　無過失國位　皆因諂佞人　為此當治罰
若有諂佞人　當失於國位　[illegible]

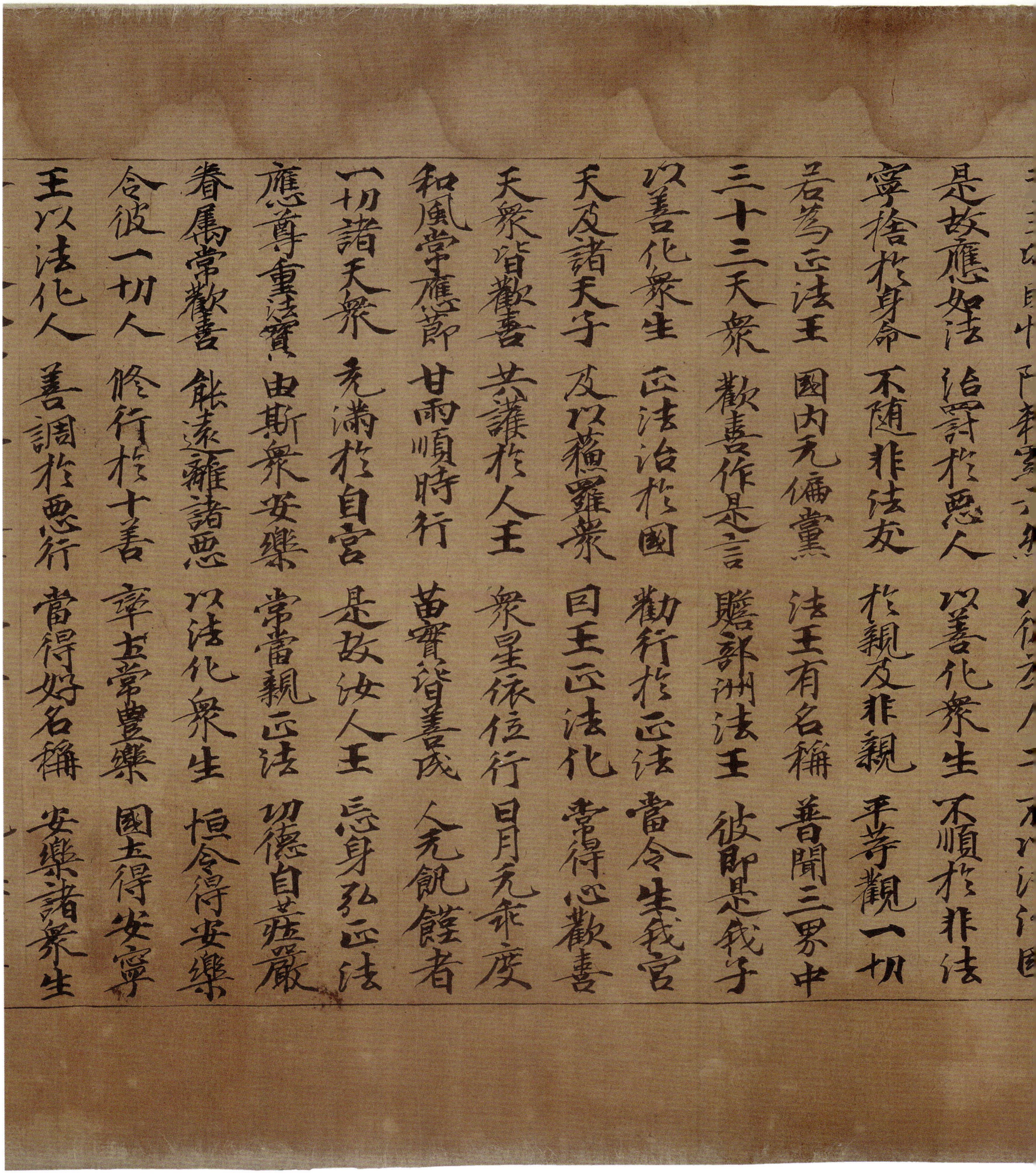
是故應如法　治罰於惡人　以善化衆生　不順於非法
寧捨於身命　不隨非法友　於親及非親　平等觀一切
若爲正法王　國内无偏黨　法王有名稱　普聞三界中
三十三天衆　歡喜作是言　贍部洲法王　彼即是我子
以善化衆生　正法治於國　勸行於正法　當令生我宮
天及諸天子　及以蘇羅衆　因王正法化　常得心歡喜
天衆皆歡喜　共護於人王　衆星依位行　日月无乖度
和風常應節　甘雨順時行　苗實皆善成　人无飢饉者
一切諸天衆　充滿於自宮　是故汝人王　忘身弘正法
應尊重法寶　由斯衆安樂　常當親正法　功德自莊嚴
眷屬常歡喜　能遠離諸惡　以法化衆生　恒令得安樂
令彼一切人　修行於十善　率土常豐樂　國土得安寧
王以法化人　善調於惡行　當得好名稱　安樂諸衆生

BD00786　金光明最勝王經卷八

王以法化人　善調於惡行　當得好名稱　安樂諸衆生
尒時大地一切人王及諸大衆聞佛說此古昔
人王治國要法得未曾有皆大歡喜信受奉
持

金光明經卷第八

橶 陟履　柱 誅主

BD00786　金光明最勝王經卷八

BD00787 妙法蓮華經卷一

（後秦）鳩摩羅什 譯

951.2cm × 26cm

離婆
難陁孫
菩提阿難
漢等
復有學無學二千人摩訶波闍波提比丘尼
與眷屬六千人俱羅睺羅母耶輸陁羅比丘
尼亦與眷屬俱菩薩摩訶薩八萬人皆於阿
耨多羅三藐三菩提不退轉皆得陁羅尼樂
說辯才轉不退轉法輪供養無量百千諸佛
於諸佛所殖衆德本常為諸佛之所稱嘆以
慈脩身善入佛慧通達大智到於彼岸名稱
普聞無量世界能度無數百千衆生

王菩薩勇施菩薩寶月菩薩月光菩薩滿月
菩薩大力菩薩無量力菩薩越三界菩薩颰
陁婆羅菩薩弥勒菩薩寶積菩薩導師菩薩
如是等菩薩摩訶薩八萬人俱
尒時釋提桓因與其眷屬二萬天子俱復有
名月天子普香天子寶光天子四大天王與
其眷屬萬天子俱自在天子大自在天子與
其眷屬三萬天子俱娑婆世界主梵天王尸
棄大梵光明大梵等與其眷屬萬二千天子
俱有八龍王難陁龍王跋難陁龍王娑伽羅
龍王和脩吉龍王德叉迦龍王阿那婆達多
龍王摩那斯龍王優鉢羅龍王等各與若干

龍王和脩吉龍王德叉迦龍王阿那婆達多
龍王摩那斯龍王漚鉢羅龍王等各與若干
百千眷屬俱有四緊那羅王法緊那羅王妙
法緊那羅王大法緊那羅王持法緊那羅王
各與若干百千眷屬俱有四乾闥婆王樂乾
闥婆王樂音乾闥婆王美乾闥婆王美音乾
闥婆王各與若干百千眷屬俱有四阿脩羅
王婆稚阿脩羅王佉羅騫大阿脩羅王毗摩
質多羅阿脩羅王羅睺阿脩羅王各與若干
百千眷屬俱有四迦樓羅王大威德迦樓羅
王大身迦樓羅王大滿迦樓羅王如意迦樓
羅王各與若干百千眷屬俱韋提希子阿闍
世王與若干百千眷屬俱各礼佛足退坐一
面尒時世尊四衆圍遶供養恭敬尊重讚歎

所護念佛說此經已結跏趺坐入於無量義
處三昧身心不動是時天雨曼陁羅華摩訶
曼陁羅華曼殊沙華摩訶曼殊沙華而散佛
上及諸大衆普佛世界六種震動尒時會中
比丘比丘尼優婆塞優婆夷天龍夜叉乾闥
婆阿脩羅迦樓羅緊那羅摩睺羅伽人非人
及諸小王轉輪聖王等是諸大衆得未曾有
歡喜合掌一心觀佛尒時佛放眉間白毫相
照東方萬八千世界靡不周遍下至阿鼻地
獄上至阿迦尼吒天於此世界盡見彼土六
趣衆生又見彼土現在諸佛及聞諸佛所說
經法并見彼諸比丘比丘尼優婆塞優婆夷

經法并見彼諸比丘比丘尼優婆塞優婆夷
諸脩行得道者復見諸菩薩摩訶薩種種因
緣種種信解種種相貌行菩薩道復見諸佛
般涅槃者復見諸佛般涅槃後以佛舍利起
七寶塔
尒時彌勒菩薩作是念今者世尊現神變相
以何因緣而有此瑞今佛世尊入於三昧是
不可思議現希有事當以問誰誰能荅者復
作是念此文殊師利法王之子已曾親近供
養過去無量諸佛必應見此希有之相我今
當問尒時比丘比丘尼優婆塞優婆夷及諸
天龍鬼神等咸作此念是佛光明神通之相
今當問誰尒時彌勒菩薩欲自決疑又觀四
衆比丘比丘尼優婆塞優婆夷及諸天龍鬼

而有此瑞神通之相放大光明照于東方萬
八千土悉見彼佛國界莊嚴於是弥勒菩薩
欲重宣此義以偈問曰
文殊師利　導師何故　眉間白豪　大光普照
雨曼陁羅　曼殊沙華　栴檀香風　悅可衆心
以是因緣　地皆嚴淨　而此世界　六種震動
時四部衆　咸皆歡喜　身意快然　得未曾有
眉間光明　照于東方　萬八千土　皆如金色
從阿鼻獄　上至有頂　諸世界中　六道衆生
生死所趣　善惡業緣　受報好醜　於此悉見
又覩諸佛　聖主師子　演說經典　微妙第一
其聲清淨　出柔軟音　教諸菩薩　無數億萬

其聲清淨　出柔軟音　教諸菩薩　無數億萬
梵音深妙　令人樂聞　各於世界　講說正法
種種因緣　以無量喻　照明佛法　開悟衆生
若人遭苦　厭老病死　為說涅槃　盡諸苦際
若人有福　曾供養佛　志求勝法　為說緣覺
若有佛子　脩種種行　求無上慧　為說淨道
文殊師利　我住於此　見聞若斯　及千億事
如是衆多　今當略說
我見彼𡈽　恒沙菩薩　種種因緣　而求佛道
或有行施　金銀珊瑚　真珠摩尼　車渠馬瑙
金剛諸珎　奴婢車乘　寶飾輦轝　歡喜布施
迴向佛道　願得是乘　三界苐一　諸佛所嘆
或有菩薩　駟馬寶車　欄楯華蓋　軒飾布施

又見菩薩　頭目身體　欣樂施與　求佛智慧
文殊師利　我見諸王　往詣佛所　問無上道
便捨樂土　宮殿臣妾　剃頭鬚髮　而披法服
或見菩薩　而作比丘　獨處閑靜　樂誦經典
又見菩薩　勇猛精進　入於深山　思惟佛道
又見離欲　常處空閑　深脩禪定　得五神通
又見菩薩　安禪合掌　以千萬偈　讚諸法王
復見菩薩　智深志固　能問諸佛　聞悉受持
又見佛子　定慧具足　以無量喻　為眾講法
欣樂說法　化諸菩薩　破魔兵眾　而擊法鼓
又見菩薩　寂然宴默　天龍恭敬　不以為喜
又見菩薩　處林放光　濟地獄苦　令入佛道
又見佛子　未嘗睡眠　經行林中　懃求佛道

又見菩薩　處林放光　濟地獄苦　令入佛道
又見佛子　未曾睡眠　經行林中　懃求佛道
又見具戒　威儀無缺　淨如寶珠　以求佛道
又見佛子　住忍辱力　增上慢人　惡罵捶打
皆悉能忍　以求佛道
又見菩薩　離諸戲笑　及癡眷屬　親近智者
一心除亂　攝念山林　億千萬歲　以求佛道
或見菩薩　餚饍飲食　百種湯藥　施佛及僧
名衣上服　價直千萬　或無價衣　施佛及僧
千萬億種　栴檀寶舍　衆妙卧具　施佛及僧
清淨園林　華菓茂盛　流泉浴池　施佛及僧
如是等施　種種微妙　歡喜無厭　求無上道
或有菩薩　說寂滅法　種種教詔　無數衆生

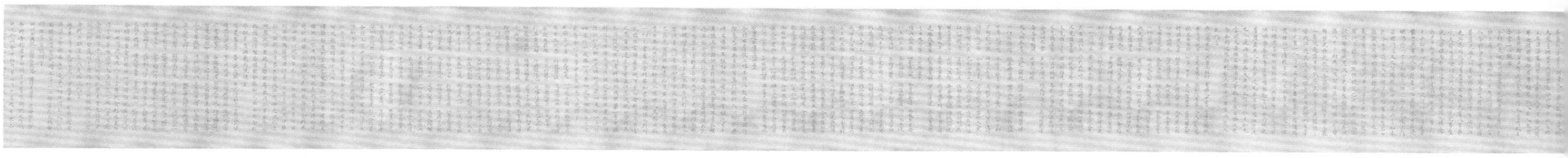

又見佛子　心無所著　以此妙慧　求無上道
文殊師利　又有菩薩　佛滅度後　供養舍利
又見佛子　造諸塔廟　無數恒沙　嚴飾國界
寶塔高妙　五千由旬　縱廣正等　二千由旬
一一塔廟　各千幢幡　珠交露幔　寶鈴和鳴
諸天龍神　人及非人　香華伎樂　常以供養
文殊師利　諸佛子等　為供舍利　嚴飾塔廟
國界自然　殊特妙好　如天樹王　其華開敷
佛放一光　我及眾會　見此國界　種種殊妙
諸佛神力　智慧希有　放一淨光　照無量國
我等見此　得未曾有　佛子文殊　願決眾疑
四眾欣仰　瞻仁及我　世尊何故　放斯光明
佛子時答　決疑令喜　何所饒益　演斯光明

佛子時荅　決疑令喜　何所饒益　演斯光明
佛坐道場　所得妙法　為欲說此　為當授記
示諸佛土　衆寶嚴飾　及見諸佛　此非小緣
文殊當知　四衆龍神　瞻察仁者　為說何等
是時文殊師利語彌勒菩薩摩訶薩及諸大
士善男子等如我惟忖今佛世尊欲說大法
雨大法雨吹大法螺擊大法鼓演大法義諸
善男子我於過去諸佛曾見此瑞放斯光已
即說大法是故當知今佛現光亦復如是欲
令衆生咸得聞知一切世間難信之法故現
斯瑞諸善男子如過去無量無邊不可思議
阿僧祇劫尒時有佛号日月燈明如來應供
正遍知明行足善逝世間解無上士調御

其義深遠其語巧妙純一無雜具足清白梵
行之相為求聲聞者說應四諦法度生老病
死究竟涅槃為求辟支佛者說應十二因緣
法為諸菩薩說應六波羅蜜令得阿耨多羅
三藐三菩提成一切種智
次復有佛亦名日月燈明次復有佛亦名日
月燈明如是二萬佛皆同一字号日月燈明
又同一姓姓頗羅墮弥勒當知初佛後佛皆
同一字名日月燈明十号具足所可說法初
中後善其最後佛未出家時有八子一名有
意二名善意三名無量意四名寶意五名增
意六名除疑意七名響意八名法意是八王
子威德自在各領四天下是諸王子聞父出

子威德自在各領四天下是諸王子聞父出
家得阿耨多羅三藐三菩提悉捨王位亦隨
出家發大乘意常脩梵行皆為法師已於千
萬佛所殖諸善本是時日月燈明佛說大乘
經名無量義教菩薩法佛所護念說是經已
即於大衆中結跏趺坐入於無量義處三昧
身心不動是時天雨曼陁羅華摩訶曼陁羅
華曼殊沙華摩訶曼殊沙華而散佛上及諸
大衆普佛世界六種震動尒時會中比丘比
丘尼優婆塞優婆夷天龍夜叉乾闥婆阿脩
羅迦樓羅緊那羅摩睺羅伽人非人及諸
小王轉輪聖王等是諸大衆得未曾有歡喜

佛土靡不周遍如今所見是諸佛土弥勒當
知尒時會中有二十億菩薩樂欲聽法是諸
菩薩見此光明普照佛土得未曾有欲知此
光所為因緣時有菩薩名曰妙光有八百弟
子是時日月燈明佛從三昧起因妙光菩薩
說大乘經名妙法蓮華教菩薩法佛所護念
六十小劫不起于坐時會聽者亦坐一處六
十小劫身心不動聽佛所說謂如食頃是時
衆中無有一人若身若心而生懈惓日月燈
明佛於六十小劫說是經已即於梵魔沙門
婆羅門及天人阿脩羅衆中而宣此言如来
於今日中夜當入無餘涅槃時有菩薩名曰
德藏日月燈明佛即授其記告諸比丘是德

於今日中夜當入無餘涅槃時有菩薩名曰
德藏日月燈明佛即授其記告諸比丘是德
藏菩薩次當作佛号曰淨身多陁阿伽度阿
羅訶三藐三佛陁佛授記已便於中夜入無
餘涅槃佛滅度後妙光菩薩持妙法蓮華經
滿八十小劫為人演說日月燈明佛八子皆
師妙光妙光教化令其堅固阿耨多羅三藐
三菩提是諸王子供養無量百千萬億佛已
皆成佛道其最後成佛者名曰然燈八百弟
子中有一人号曰求名貪著利養雖復讀誦
衆經而不通利多所忘失故号求名是人亦
以種諸善根因緣故得值無量百千萬億諸
佛供養恭敬尊重讚嘆彌勒當知尒時妙光
菩薩豈異人乎我身是也求名菩薩汝身是也

當說大乘經名妙法蓮華教菩薩法佛所護
念尒時文殊師利於大衆中欲重宣此義而
說偈言
我念過去世　無量無數劫　有佛人中尊　号日月燈明
世尊演說法　度無量衆生　無數億菩薩　令入佛智慧
佛未出家時　所生八王子　見大聖出家　亦隨脩梵行
時佛說大乘　經名無量義　於諸大衆中　而為廣分別
佛說此經已　即於法座上　跏趺坐三昧　名無量義處
天雨曼陁華　天鼓自然鳴　諸天龍鬼神　供養人中尊
一切諸佛土　即時大震動　佛放眉間光　現諸希有事
此光照東方　萬八千佛土　示一切衆生　生死業報處
有見諸佛土　以衆寶莊嚴　瑠璃頗梨色　斯由佛光照
及見諸天人　龍神夜叉衆　乾闥婆那羅　各供養其佛

及見諸天人　龍神夜叉衆　乾闥緊那羅　各供養其佛
又見諸如來　自然成佛道　身色如金山　端嚴甚微妙
如淨瑠璃中　内現真金像　世尊在大衆　敷演深法義
一一諸佛土　聲聞衆無數　因佛光所照　悉見彼大衆
或有諸比丘　在於山林中　精進持淨戒　猶如護明珠
又見諸菩薩　行施忍辱等　其數如恒沙　斯由佛光照
又見諸菩薩　深入諸禪定　身心寂不動　以求無上道
又見諸菩薩　知法寂滅相　各於其國土　說法求佛道
尒時四部衆　見日月燈明　現大神通力　其心皆歡喜
各各自相問　是事何因緣
天人所奉尊　適從三昧起　讚妙光菩薩　汝為世間眼
一切所歸信　能奉持法藏　如我所說法　唯汝能證知

佛說是法華　令眾歡喜已　尋即於是日　告於天人眾
諸法實相義　已為汝等說　我今於中夜　當入於涅槃
汝一心精進　當離於放逸　諸佛甚難值　億劫時一遇
世尊諸子等　聞佛入涅槃　各各懷悲惱　佛滅一何速
聖主法之王　安慰無量眾　我若滅度時　汝等勿憂怖
是德藏菩薩　於無漏實相　心已得通達　其次當作佛
号曰為淨身　亦度無量眾
佛此夜滅度　如薪盡火滅　分布諸舍利　而起無量塔
比丘比丘尼　其數如恒沙　倍復加精進　以求無上道
是妙光法師　奉持佛法藏　八十小劫中　廣宣法華經
是諸八王子　妙光所開化　堅固無上道　當見無數佛
供養諸佛已　隨順行大道　相繼得成佛　轉次而授記
最後天中天　号曰然燈佛　諸仙之導師　度脫無量眾

是諸八王子　妙光所開化　堅固無上道　當見無數佛
供養諸佛已　隨順行大道　相繼得成佛　轉次而授記
最後天中天　号曰燃燈佛　諸仙之導師　度脫無量衆
是妙光法師　時有一弟子　心常懷懈怠　貪著於名利
求名利無猒　多遊族姓家　棄捨所習誦　廢忘不通利
以是因緣故　号之為求名　亦行衆善業　得見無數佛
供養於諸佛　隨順行大道　具六波羅蜜　今見釋師子
其後當作佛　号名曰弥勒　廣度諸衆生　其數無有量
彼佛滅度後　懈怠者汝是　妙光法師者　今則我身是
我見燈明佛　本光瑞如此　以是知今佛　欲說法華經
今相如本瑞　是諸佛方便　今佛放光明　助發實相義
諸人今當知　合掌一心待　佛當雨法雨　充足求道者
諸求三乘人　若有疑悔者　佛當為除斷　令盡無有餘

智慧甚深無量其智慧門難解入一切聲聞
辟支佛所不能知所以者何佛曾親近百千
萬億無數諸佛盡行諸佛無量道法勇猛精
進名稱普聞成就甚深未曾有法隨宜所說
意趣難解舍利弗吾從成佛已來種種因緣
種種譬喻廣演言教無數方便引導衆生令
離諸著所以者何如來方便知見波羅蜜皆
已具足舍利弗如來知見廣大深遠無量無
㝵力無所畏禪定解脫三昧深入無際成就
一切未曾有法舍利弗如來能種種分別巧
說諸法言辭柔軟悅可衆心舍利弗取要言
之無量無邊未曾有法佛悉成就止舍利弗

說諸法言辭柔軟悅可衆心舍利弗取要言
之無量無邊未曾有法佛悉成就止舍利弗
不須復說所以者何佛所成就第一希有難
解之法唯佛與佛乃能究盡諸法實相所謂
諸法如是相如是性如是體如是力如是作
如是因如是緣如是果如是報如是本末究
竟等尒時世尊欲重宣此義而說偈言

世雄不可量　諸天及世人　一切衆生類　無能知佛者
佛力無所畏　解脫諸三昧　及佛諸餘法　無能測量者
本從無數佛　具足行諸道　甚深微妙法　難見難可了
於無量億劫　行此諸道已　道場得成果　我已悉知見
如是大果報　種種性相義　我及十方佛　乃能知是事
是法不可示　言辭相寂滅　諸餘衆生類　無有能解者
除諸菩薩衆　信力堅固者　諸佛弟子衆　曾供養諸佛

一切漏已盡　住是最後身　如是諸人等　其力所不堪
假使滿世間　皆如舍利弗　盡思共度量　無能測佛智
政使滿世間　皆如舍利弗　及餘諸弟子　亦滿十方刹
盡思共度量　亦復不能知　辟支佛利智　無漏最後身
亦滿十方界　其數如竹林　斯等共一心　於億無量劫
欲思佛實智　莫能知少分　新發意菩薩　供養無數佛
了達諸義趣　又能善說法　如稻麻竹葦　充滿十方刹
一心以妙智　於恒河沙劫　咸皆共思量　不能知佛智
不退諸菩薩　其數如恒沙　一心共思求　亦復不能知
又告舍利弗　無漏不思議　甚深微妙法　我今已具得
唯我知是相　十方佛亦然　舍利弗當知　諸佛語無異
於佛所說法　當生大信力　世尊法久後　要當說真實
告諸聲聞衆　及求緣覺乘　我令脫苦縛　逮得涅槃者
佛以方便力　亦以三乘教　衆生處處著　引之令得出

告諸聲聞衆　及求緣覺乘　我令脫苦縛　逮得涅槃者
佛以方便力　示以三乘教　衆生處處著　引之令得出
尒時大衆中有諸聲聞漏盡阿羅漢阿若憍
陳如等千二百人及發聲聞辟支佛心比丘
比丘尼優婆塞優婆夷各作是念今者世尊
何故慇懃稱歎方便而作是言佛所得法甚
深難解有所言說意趣難知一切聲聞辟支
佛所不能及佛說一解脫義我等亦得此法
到於涅槃而今不知是義所趣尒時舍利弗
知四衆心疑自亦未了而白佛言世尊何因
何緣慇懃稱歎諸佛第一方便甚深微妙難
解之法我自昔來未曾從佛聞如是說今者
四衆咸皆有疑唯願世尊敷演斯事世尊何

慧日大聖尊　久乃說是法　自說得如是　力無畏三昧
禪定解脫等　不可思議法　道場所得法　無能發問者
我意難可測　亦無能問者　無問而自說　稱歎所行道
智慧甚微妙　諸佛之所得　無漏諸羅漢　及求涅槃者
今皆墮疑網　佛何故說此　其求緣覺者　比丘比丘尼
諸天龍鬼神　及乾闥婆等　相視懷猶豫　瞻仰兩足尊
是事為云何　願佛為解說　於諸聲聞眾　佛說我第一
我今自於智　疑惑不能了　為是究竟法　為是所行道
佛口所生子　合掌瞻仰待　願出微妙音　時為如實說
諸天龍神等　其數如恒沙　求佛諸菩薩　大數有八萬
又諸萬億國　轉輪聖王至　合掌以敬心　欲聞具足道
爾時佛告舍利弗　止止不須復說　若說是事

尒時佛告舍利弗止止不須復說若說是事
一切世間諸天及人皆當驚疑舍利弗重白
佛言世尊唯願說之唯願說之所以者何是
會無數百千萬億阿僧祇衆生曾見諸佛諸
根猛利智慧明了聞佛所說則能敬信尒時
舍利弗欲重宣此義而說偈言
法王無上尊　唯說願勿慮　是會無量衆　有能敬信者
佛復止舍利弗若說是事一切世間天人阿
脩羅皆當驚疑增上慢比丘將墜於大坑尒
時世尊重說偈言
止止不須說　我法妙難思　諸增上慢者　聞必不敬信
尒時舍利弗重白佛言世尊唯願說之唯願
說之今此會中如我等比百千萬億世世已

言
無上兩足尊　願說第一法　我為佛長子　唯垂分別說
是會無量眾　能敬信此法　佛已曾世世　教化如是等
皆一心合掌　欲聽受佛語　我等千二百　及餘求佛者
願為此眾故　唯垂分別說　是等聞此法　則生大歡喜
尒時世尊告舍利弗汝已慇懃三請豈得不
說汝今諦聽善思念之吾當為分別解說說
此語時會中有比丘比丘尼優婆塞優婆夷
五千人等即從座起禮佛而退所以者何此
輩罪根深重及增上慢未得謂得未證謂證
有如此失是以不住世尊嘿然而不制止尒
時佛告舍利弗我今此眾無復枝葉純有貞

時佛告舍利弗我今此衆無復枝葉純有貞
實舍利弗如是增上慢人退亦佳矣汝今善
聽當爲汝說舍利弗言唯然世尊願樂欲聞
佛告舍利弗如是妙法諸佛如来時乃說之
如優曇鉢華時一現耳舍利弗汝等當信佛
之所說言不虚妄舍利弗諸佛隨宜說法意
趣難解所以者何我以無數方便種種因緣
譬喻言辞演說諸法是法非思量分別之所
能解唯有諸佛乃能知之所以者何諸佛世
尊唯以一大事因緣故出現於世舍利弗云
何名諸佛世尊唯以一大事因緣故出於世
諸佛世尊欲令衆生開佛知見使得清淨故
出現於世欲示衆生佛之知見故出現於世
欲令衆生悟佛知見故出現於世

以一大事因緣故出現於世
佛告舍利弗諸佛如来但教化菩薩諸有所
作常為一事唯以佛之知見示悟衆生舍利
弗如来但以一佛乘故為衆生說法無有餘
乘若二若三舍利弗一切十方諸佛法亦如
是舍利弗過去諸佛以無量無數方便種種
因緣譬喻言辞而為衆生演說諸法是法皆
為一佛乘故是諸衆生從諸佛聞法究竟皆
得一切種智舍利弗未来諸佛當出於世亦
以無量無數方便種種因緣譬喻言辞而為
衆生演說諸法是法皆為一佛乘故是諸衆
生從佛聞法究竟皆得一切種智舍利弗現

BD00787　妙法蓮華經卷一

生從佛聞法究竟皆得一切種智舍利弗現
在十方無量百千萬億佛土中諸佛世尊多
所饒益安樂衆生是諸佛亦以無量無數方
便種種因緣譬喻言辭而爲衆生演說諸法
是法皆爲一佛乘故是諸衆生從佛聞法究
竟皆得一切種智舍利弗是諸佛但教化菩
薩欲以佛之知見示衆生故欲以佛之知見
悟衆生故欲令衆生入佛知見故舍利弗我
今亦復如是知諸衆生有種種欲深心所著
隨其本性以種種因緣譬喻言辭方便力而
爲說法舍利弗如此皆爲得一佛乘一切種
智故舍利弗十方世界中尚無二乘何况有
三

衆生垢重慳貪嫉妬成就諸不善根故諸佛
以方便力於一佛乘分別說三舍利弗若我
弟子自謂阿羅漢辟支佛者不聞不知諸
佛如來但教化菩薩事此非佛弟子非阿羅
漢非辟支佛又舍利弗是諸比丘比丘尼自
謂已得阿羅漢是最後身究竟涅槃便不復
志求阿耨多羅三藐三菩提當知此輩皆是
增上慢人所以者何若有比丘實得阿羅漢
若不信此法無有是處除佛滅度後現前無
佛所以者何佛滅度後如是等經受持讀誦
解義者是人難得若遇餘佛於此法中便得
決了舍利弗汝等當一心信解受持佛語諸
佛如來言無虛妄無有餘乘唯一佛乘爾時

決了舍利弗汝等當一心信解受持佛語諸
佛如來言無虛妄無有餘乘唯一佛乘尒時
世尊欲重宣此義而說偈言
比丘比丘尼　有懷增上慢　優婆塞我慢　優婆夷不信
如是四衆等　其數有五千　不自見其過　於戒有缺漏
護惜其瑕疵　是小智已出　衆中之糟糠　佛威德故去
斯人尠福德　不堪受是法　此衆無枝葉　唯有諸貞實
舍利弗善聽　諸佛所得法　無量方便力　而為衆生說
衆生心所念　種種所行道　若干諸欲性　先世善惡業
佛悉知是已　以諸緣譬喻　言辭方便力　令一切歡喜
或說脩多羅　伽陁及本事　本生未曾有　亦說於因緣
譬喻并祇夜　優波提舍經　鈍根樂小法　貪著於生死
於諸無量佛　不行深妙道　衆苦所惱亂　為是說涅槃
我設是方便　令得入佛慧　未曾說汝等　當得成佛道

所以未曾說　說時未至故　今正是其時　決定說大乘
我此九部法　隨順衆生說　入大乘爲本　以故說是經
有佛子心淨　柔軟亦利根　無量諸佛所　而行深妙道
爲此諸佛子　說此大乘經　我記如是人　來世成佛道
以深心念佛　脩持淨戒故　此等聞得佛　大喜充遍身
佛知彼心行　故爲說大乘　聲聞若菩薩　聞我所說法
乃至於一偈　皆成佛無疑　十方佛土中　唯有一乘法
無二亦無三　除佛方便說　但以假名字　引導於衆生
說佛智慧故　諸佛出於世　唯此一事實　餘二則非真
終不以小乘　濟度於衆生　佛自住大乘　如其所得法
定慧力莊嚴　以此度衆生　自證無上道　大乘平等法
若以小乘化　乃至於一人　我則墮慳貪　此事爲不可
若人信歸佛　如來不欺誑　亦無貪嫉意　斷諸法中惡　故佛於十方　而獨無所畏

我則墮慳貪 此事為不可 若人信歸佛 如來不欺誑
亦無貪嫉意 斷諸法中惡 故佛於十方 而獨無所畏
我以相嚴身 光明照世間 無量眾所尊 為說實相印
舍利弗當知 我本立誓願 欲令一切眾 如我等無異
如我昔所願 今者已滿足 化一切眾生 皆令入佛道
若我遇眾生 盡教以佛道 無智者錯亂 迷惑不受教
我知此眾生 未曾修善本 堅著於五欲 癡愛故生惱
以諸欲因緣 墜墮三惡道 輪迴六趣中 備受諸苦毒
受胎之微形 世世常增長 薄德少福人 眾苦所逼迫
入邪見稠林 若有若無等 依止此諸見 具足六十二
深著虛妄法 堅受不可捨 我慢自矜高 諂曲心不實
於千萬億劫 不聞佛名字 亦不聞正法 如是人難度

佛子行道已　來世得作佛
我有方便力　開示三乘法　一切諸世尊　皆說一乘道
今此諸大眾　皆應除疑惑　諸佛語無異　唯一無二乘
過去無數劫　無量滅度佛　百千萬億種　其數不可量
如是諸世尊　種種緣譬喻　無數方便力　演說諸法相
是諸世尊等　皆說一乘法　化無量眾生　令入於佛道
又諸大聖主　知一切世間　天人群生類　深心之所欲
更以異方便　助顯第一義　若有眾生類　值諸過去佛
若聞法布施　或持戒忍辱　精進禪智等　種種脩福德
如是諸人等　皆已成佛道　諸佛滅度已　若人善軟心
如是諸人等　皆已成佛道　諸佛滅度已　供養舍利者
起萬億種塔　金銀及頗梨　車璖與馬瑙　玫瑰瑠璃珠
清淨廣嚴飾　莊校於諸塔　或有起石廟　栴檀及沈水

清淨廣嚴飾　莊挍於諸塔　或有起石廟　栴檀及沈水
木蜜并餘材　塼瓦泥土等　若於曠野中　積土成佛廟
乃至童子戲　聚沙為佛塔　如是諸人等　皆已成佛道
若人為佛故　建立諸形像　刻雕成眾相　皆已成佛道
或以七寶成　鍮石赤白銅　白鑞及鉛錫　鐵木及與泥
或以膠漆布　嚴飾作佛像　如是諸人等　皆已成佛道
綵畫作佛像　百福莊嚴相　自作若使人　皆已成佛道
乃至童子戲　若草木及筆　或以指爪甲　而畫作佛像
如是諸人等　漸漸積功德　具足大悲心　皆已成佛道
但化諸菩薩　度脫无量眾
若人於塔廟　寶像及畫像　以香華幡蓋　敬心而供養
若使人作樂　擊鼓吹角貝　簫笛琴箜篌　琵琶鐃銅鈸

或以歡喜心　歌唄頌佛德　乃至一小音　皆已成佛道
若人散亂心　乃至以一華　供養於畫像　漸見無數佛
或有人禮拜　或復但合掌　乃至舉一手　或復小低頭
以此供養像　漸見無量佛　自成無上道　廣度無數衆
入無餘涅槃　如薪盡火滅
若人散亂心　入於塔廟中　一稱南无佛　皆已成佛道
於諸過去佛　現在或滅後　若有聞是法　皆已成佛道
未来諸世尊　其數無有量　是諸如来等　亦方便說法
若有聞法者　無一不成佛
諸佛本誓願　我所行佛道　普欲令衆生　亦同得此道
未来世諸佛　雖說百千億　無數諸法門　其實為一乘
諸佛兩足尊　知法常無性　佛種從緣起　是故說一乘
是法住法位　世間相常住　於道場知已　導師方便說
天人所供養　現在十方佛　其數如恒沙　出現於世間

天人所供養 現在十方佛 其數如恒沙 出現於世間
安隱衆生故 亦說如是法
知第一寂滅 以方便力故 雖示種種道 其實為佛乘
知衆生諸行 深心之所念 過去所集業 欲性精進力
及諸根利鈍 以種種因緣 譬喻亦言辭 隨應方便說
今我亦如是 安隱衆生故 以種種法門 宣示於佛道
我以智慧力 知衆生性欲 方便說諸法 皆令得歡喜
舍利弗當知 我以佛眼觀 見六道衆生 貧窮無福慧
入生死嶮道 相續苦不斷 深著於五欲 如犛牛愛尾
以貪愛自蔽 盲瞑無所見 不求大勢佛 及與斷苦法
深入諸邪見 以苦欲捨苦 為是衆生故 而起大悲心
我始坐道場 觀樹亦經行 於三七日中 思惟如是事

尒時諸梵王　及諸天帝釋　護世四天王　及大自在天
并餘諸天衆　眷屬百千萬　恭敬合掌礼　請我轉法輪
我即自思惟　若但讚佛乘　衆生沒在苦　不能信是法
破法不信故　墜於三惡道　我寧不說道　疾入於涅槃
尋念過去佛　所行方便力　我今所得道　亦應說三乘
作是思惟時　十方佛皆現　梵音慰喻我　善哉釋迦文
第一之導師　得是無上法　隨諸一切佛　而用方便力
我等亦皆得　最妙第一法　為諸衆生類　分別說三乘
少智樂小法　不自信作佛　是故以方便　分別說諸果
雖復說三乘　但為教菩薩
舍利弗當知　我聞聖師子　深淨微妙音　稱南无諸佛
復作如是念　我出濁惡世　如諸佛所說　我亦隨順行
思惟是事已　即趣波羅㮈　諸法寂滅相　不可以言宣

復作如是念　我出濁惡世　如諸佛所說　我亦隨順行
思惟是事已　即趣波羅㮈　諸法寂滅相　不可以言宣
以方便力故　為五比丘說　是名轉法輪　便有涅槃音
及以阿羅漢　法僧差別名　從久遠劫來　讚示涅槃法
生死苦永盡　我常如是說
舍利弗當知　我見佛子等　志求佛道者　無量千萬億
咸以恭敬心　皆來至佛所　曾從諸佛聞　方便所說法
我即作是念　如來所以出　為說佛慧故　今正是其時
舍利弗當知　鈍根小智人　著相憍慢者　不能信是法
今我喜無畏　於諸菩薩中　正直捨方便　但說無上道
菩薩聞是法　疑網皆已除　千二百羅漢　悉亦當作佛
如三世諸佛　說法之儀式　我今亦如是　說無分別法
諸佛興出世　懸遠值遇難　正使出于世　說是法復難
無量無數劫　聞是法亦難　能聽是法者　斯人亦復難

聞法歡喜讚　乃至發一言　則為已供養　一切三世佛
是人甚希有　過於優曇華　汝等勿有疑　我為諸法王　普告諸大衆　但以一乘道
教化諸菩薩　無聲聞弟子　汝等舍利弗　聲聞及菩薩　當知是妙法　諸佛之秘要
以五濁惡世　但樂着諸欲　如是等衆生　終不求佛道
當來世惡人　聞佛說一乘　迷惑不信受　破法墮惡道
有慚愧清淨　志求佛道者　當為如是等　廣讚一乘道
舍利弗當知　諸佛法如是　以萬億方便　隨宜而說法
其不習學者　不能曉了此　汝等既已知　諸佛世之師　隨宜方便事　無復諸疑惑
心生大歡喜　自知當作佛

心生大歡喜　自知當作佛

妙法蓮華經卷第一

BD00788 妙法蓮華經卷三

（後秦）鳩摩羅什 譯

489.3cm × 26cm

說脩行所得功德不自覺知所以者何唯有如來知此衆生種相
體性念何事思何事脩何事云何念云何思云何脩以何法念
以何法思以何法脩以何法得何法衆生住於種種之地唯有如
來如實見之明了无礙如彼卉木叢林諸藥草等而不自知上中
下性如來知是一相一味之法所謂解脫相離相滅相究竟涅槃常
寂滅相終歸於空佛知是已觀衆生心欲而將護之是故不即為說
一切種智汝等迦葉甚為希有能知如來隨宜說法能信能受所以
者何諸佛世尊隨宜說法難解難知尒時世尊欲重宣此義而
說偈言

破有法王　出現世間　隨衆生欲　種種說法　如來尊重　智慧深遠　久默斯要
不務速說　有智若聞　則能信解　无智疑悔　則為永失　是故迦葉　隨力為說
以種種緣　令得正見　迦葉當知　譬如大雲　起於世間　遍覆一切　慧雲含潤
電光晃曜　雷聲遠震　令衆悅豫　日光掩蔽　地上清涼　靉靆垂布　如可承攬
其雨普等　四方俱下　流澍无量　率土充洽　山川嶮谷　幽邃所生　卉木藥草
大小諸樹　百穀苗稼　甘蔗蒲萄　雨之所潤　無不充足　乾地普洽　藥草並茂
其雲所出　一味之水　草木叢林　隨分受潤　一切諸樹　上中下等　稱其大小

為諸衆生 分別演說 諸法之實 大聖世尊 於諸天人 一切衆中 而宣是言
我為如來 兩足之尊 出于世間 猶如大雲 充潤一切 枯槁衆生 皆令離苦
得安隱樂 世間之樂 及涅槃樂 諸天人衆 一心善聽 皆應到此 覲无上尊
我為世尊 无能及者 安隱衆生 故現於世 為大衆說 甘露淨法 其法一味
解脫涅槃 以一妙音 演暢斯義 常為大乘 而作因緣 我觀一切 普皆平等
无有彼此 愛憎之心 我无貪著 亦无限礙 恒為一切 平等說法 如為一人
衆多亦然 常演說法 曾无他事 去來坐立 終不疲猒 充足世間 如雨普潤
貴賤上下 持戒毀戒 威儀具足 及不具足 正見邪見 利根鈍根 等雨法雨
而无懈倦 一切衆生 聞我法者 隨力所受 住於諸地 或處人天 轉輪聖王
釋梵諸王 是小藥草 知無漏法 能得涅槃 起六神通 及得三明 獨處山林
常行禪定 得緣覺證 是中藥草 求世尊處 我當作佛 行精進定 是上藥草
又諸佛子 專心佛道 常行慈悲 自知作佛 決定無疑 是名小樹 安住神通
轉不退輪 度無量億 百千衆生 如是菩薩 名為大樹 佛平等說 如一味雨
隨衆生性 所受不同 如彼草木 所稟各異 佛以此喻 方便開示 種種言辭
演說一法 於佛智慧 如海一渧 我雨法雨 充滿世間 一味之法 隨力脩行
如彼叢林 藥草諸樹 隨其大小 漸增茂好 諸佛之法 常以一味 令諸世間

BD00788　妙法蓮華經卷三

如彼叢林 藥草諸樹 隨其大小 漸增茂好 諸佛之法 常以一味 令諸世間
普得具足 漸次修行 皆得道果 聲聞緣覺 處於山林 住最後身 聞法得果
是名藥草 各得增長 若諸菩薩 智慧堅固 了達三界 求最上乘 是名小樹
而得增長 復有住禪 得神通力 聞諸法空 心大歡喜 放无數光 度諸衆生
是名大樹 而得增長 如是迦葉 佛所說法 譬如大雲 以一味雨 潤於人華
各得成實 迦葉當知 以諸因緣 種種譬喻 開示佛道 是我方便 諸佛亦然
今為汝等 說最實事 諸聲聞衆 皆非滅道 汝等所行 是菩薩道 漸漸修學
悉當成佛

妙法蓮華經授記品第六

爾時世尊說是偈已告諸大衆唱如是言我此弟子摩訶迦葉於未
來世當得奉覲三百萬億諸佛世尊供養恭敬尊重讚歎廣宣諸
佛無量大法於最後身得成為佛名曰光明如來應供正遍知明行足
善逝世間解無上士調御丈夫天人師佛世尊國名光德劫名大莊嚴
佛壽十二小劫正法住世二十小劫像法亦住二十小劫國界嚴飾
無諸穢惡瓦礫荊棘便利不淨其土平正無有高下坑坎堆阜
瑠璃為地寶樹行列黃金為繩以界道側散諸寶華周遍清
淨其國菩薩无量千億諸聲聞衆亦復无數无有魔事雖

供養奉覲三百萬億諸佛世尊為佛智慧淨脩梵行供養最上二足尊已
脩習一切無上之慧於最後身得成為佛其土清淨瑠璃為地多諸寶樹
行列道側金繩界道見者歡喜常出好香散衆名花種種奇妙以為莊嚴
其地平正無有丘坑諸菩薩衆不可稱計其心調柔逮大神通奉持諸佛
大乘經典諸聲聞衆无漏後身法王之子亦不可計乃以天眼不能數知
其佛當壽十二小劫正法住世二十小劫像法亦住二十小劫光明世尊
其事如是
尒時大目揵連須菩提摩訶迦旃延等皆悉
悚慄一心合掌瞻仰尊顏目不暫捨即共同聲而說偈言
大雄猛世尊　諸釋之法王　哀愍我等故　而賜佛音聲　若知我深心　見為授記者
如以甘露灑　除熱得清涼　如從飢國來　忽遇大王饍　心猶懷疑懼　未敢即便食
若復得王教　然後乃敢食　我等亦如是　每惟小乘過　不知當云何　得佛无上慧
雖聞佛音聲　言我等作佛　心尚懷憂懼　如未敢便食　若蒙佛授記　尒乃快安樂
大雄猛世尊　常欲安世間　願賜我等記　如飢須教食
尒時世尊知諸大弟子心之所念告諸比丘是須菩提於當來世
奉覲三百萬億那由他佛供養恭敬尊重讚歎常脩梵行具菩
薩道於最後身得成為佛号曰名相如來應供正遍知明行足善

薩道於最後身得成爲佛号曰名相如來應供正遍知明行足善
逝世間解無上士調御丈夫天人師佛世尊劫名有寶國名寶生
其土平正頗梨爲地寶樹莊嚴无諸丘坑沙礫荊棘便利之穢
寶華覆地周遍清淨其土人民皆處寶臺珎妙樓閣聲聞弟
子無量無邊筭數譬喻所不能知諸菩薩衆无數千萬億那由
他佛壽十二劫正法住世二十小劫像法亦尒住二十小劫其佛常處虛
空爲衆說法度脫无量菩薩及聲聞衆尒時世尊欲重宣此義
而說偈言
諸比丘衆 今告汝等 皆當一心 聽我所說 我大弟子 須菩提者 當得作佛
号曰名相 當供无數 萬億諸佛 隨佛所行 漸具大道 最後身得 三十二相
端正姝妙 猶如寶山 其佛國土 嚴淨第一 衆生見者 无不愛樂 佛於其中
度无量衆 其佛法中 多諸菩薩 皆悉利根 轉不退輪 彼國常以 菩薩莊嚴
諸聲聞衆 不可稱數 皆得三明 具六神通 住八解脫 有大威德 其佛說法
現於无量 神通變化 不可思議 諸天人民 數如恒沙 皆共合掌 聽受佛語
其佛當壽 十二小劫 正法住世 二十小劫 像法亦住 二十小劫
尒時世尊復告諸比丘衆我今語汝是大迦旃延於當來世以諸供具

香末香燒香繒蓋幢幡供養塔廟過是已後當復供養二萬億佛
亦復如是供養是諸佛已具菩薩道當得作佛号曰閻浮那提金光
如來應供正遍知明行足善逝世間解無上士調御丈夫天人師佛世
尊其土平正頗梨為地寶樹莊嚴黃金為繩以界道側妙華覆地
周遍清淨見者歡喜无四惡道地獄餓鬼畜生阿脩羅道多有天人
諸聲聞衆及諸菩薩无量萬億莊嚴其國佛壽十二小劫正法住
世二十小劫像法亦住二十小劫尒時世尊欲重宣此義而說偈言
諸比丘衆 皆一心聽 如我所說 真實无異 是迦旃延 當以種種 妙好供具
供養諸佛 諸佛滅後 起七寶塔 亦以花香 供養舍利 其最後身 得佛智慧
成等正覺 國土清淨 度脫無量 萬億衆生 皆為十方 之所供養 佛之光明
無能勝者 其佛号曰 閻浮金光 菩薩聲聞 斷一切有 無量無邊 莊嚴其國
尒時世尊復告大衆我今語汝是大目揵連當以種種供具供養八
千諸佛恭敬尊重諸佛滅後各起塔廟高千由旬縱廣正等五百由
旬以金銀瑠璃車𤦲馬瑙真珠玫瑰七寶合成衆華瓔珞塗香末香
燒香繒蓋幢幡以用供養過是已後當復供養二百萬億諸佛
亦復如是當得成佛号曰多摩羅跋旃檀香如來應供正遍知明
行足善逝世間解無上士調御丈夫天人師佛世尊劫名喜滿國名

可得如其當得成佛號曰多摩羅跋栴檀香如來應供正遍知明
行足善逝世間解無上士調御丈夫天人師佛世尊劫名喜滿國名
意樂其土平正頗梨為地寶樹莊嚴散真珠華周遍清淨見
者歡喜多諸天人菩薩聲聞其數無量佛壽二十四小劫正法
住世四十小劫像法亦住四十小劫尒時世尊欲重宣此義而說偈言
我此弟子　大目揵連　捨是身已　得見八千　二百万億　諸佛世尊　為佛道故
供養恭敬　於諸佛所　常脩梵行　於无量劫　奉持佛法　諸佛滅後　起七寶塔
長表金剎　華香伎樂　而以供養　諸佛塔廟　漸漸具足　菩薩道已　於意樂國
而得作佛　号多摩羅　旃檀之香　其佛壽命　二十四劫　常為天人　演說佛道
聲聞无量　如恒河沙　三明六通　有大威德　菩薩无數　志固精進　於佛智慧
皆不退轉　佛滅度後　正法當住　四十小劫　像法亦尒　我諸弟子　威德具足
其數五百　皆當授記　於未來世　咸得成佛　我及汝等　宿世因緣　吾今當說
汝等善聽

妙法蓮華經化城喻品第七

佛告諸比丘乃往過去无量无邊不可思議阿僧祇劫尒時有佛名
大通智勝如來應供正遍知明行足善逝世間解无上士調御丈夫
天人師佛世尊其國名好成劫名大相諸比丘彼佛滅度已來甚大
久遠譬如三千大千世界所有地種假使有人磨以為墨過於東方

所經國土若點不點盡末為塵一塵一劫彼佛滅度已来復過
是數无量无邊百千萬億阿僧祇劫我以如来知見力故觀彼
久遠猶若今日尒時世尊欲重宣此義而說偈言
我念過去世　无量无邊劫　有佛兩足尊　名大通智勝　如人以力磨　三千大千土
盡此諸地種　皆悉以為墨　過於千國土　乃下一塵點　如是展轉點　盡此諸塵墨
如是諸國土　點與不點等　復盡末為塵　一塵為一劫　此諸微塵數　其劫復過是
彼佛滅度来　如是无量劫　如来无礙智　知彼佛滅度　及聲聞菩薩　如見今滅度
諸比丘當知　佛智淨微妙　無漏無礙智　通達无量劫
佛告諸比丘大通智勝佛壽五百四十萬億那由他劫其佛本坐道場
破魔軍已垂得阿耨多羅三藐三菩提而諸佛法不現在前如是
一小劫乃至十小劫結加趺坐身心不動而諸佛法猶不在前尒時
忉利諸天先為彼佛於菩提樹下敷師子座高一由旬佛於此座當
得阿耨多羅三藐三菩提適坐此座時諸梵天王雨衆天華面
百由旬香風時来吹去萎華更雨新者如是不絕滿十小劫供養於
佛乃至滅度常雨此華四天諸王為供養佛常擊天鼓其餘諸天
作天伎樂滿十小劫至于滅度亦復如是諸比丘大通智勝佛過十

作天伎樂滿十小劫至于滅度亦復如是諸比丘大通智勝佛過十
小劫諸佛之法乃現在前成阿耨多羅三藐三菩提其佛未出
家時有十六子其第一者名曰智積諸子各有種種珎異玩好
之具聞父得成阿耨多羅三藐三菩提皆捨所珎往詣佛所諸
母涕泣而隨送之其祖轉輪聖王與一百大臣及餘百千萬億人民
皆共圍繞隨至道場咸欲親近大通智勝如來供養恭敬尊重讚
歎到已頭面礼足繞佛畢已一心合掌瞻仰世尊以偈頌曰
大威德世尊　為度衆生故　於無量億歲　尒乃得成佛　諸願已具足　善哉吉無上
世尊甚希有　一坐十小劫　身體及手足　靜然安不動　其心常惔怕　未曾有散亂
究竟永寂滅　安住无漏法　今者見世尊　安隱成佛道　我等得善利　稱慶大歡喜
衆生常苦惱　盲瞑無導師　不識苦盡道　不知求解脫　長夜增惡趣　減損諸天衆
從瞑入於瞑　永不聞佛名　今佛得最上　安隱无漏道　我等及天人　為得最大利
是故咸稽首　歸命無上尊　尒時十六王子偈讚佛已勸請
世尊轉於法輪咸作是言世尊說法多所安隱憐愍饒益諸天人
民重說偈言
世雄無等倫　百福自莊嚴　得無上智慧　願為世間說
度脫於我等　及諸衆生類　為分別顯示　令得是智慧　若我等得佛　衆生亦復然
世尊知衆生　深心之所念　亦知所行道　又知智慧力　欲樂及脩福　宿命所行業

中間幽瞑之處日月威光所不能照而皆大明其中衆生各得相見咸作
是言此中云何忽生衆生又其國界諸天宮殿乃至梵宮六種震動
大光普照遍滿世界勝諸天光尒時東方五百萬億諸國土中梵天
宮殿光明照曜倍於常明諸梵天王各作是念今者宮殿光明昔所
未有以何因緣而現此相是時諸梵天王即各相詣共議此事時彼
衆中有一大梵天王名救一切為諸梵衆而說偈言
我等諸宮殿　光明昔未有　此是何因緣　宜各共求之　為大德天生　為佛出世間
而此大光明　遍照於十方
尒時五百万億國土諸梵天王與
宮殿俱各以衣祴盛諸天華共詣西方推尋是相見大通智勝如來處
于道場菩提樹下坐師子座諸天龍王乾闥婆緊那羅摩睺羅伽
人非人等恭敬圍繞及見十六王子請佛轉法輪即時諸梵天王
頭面礼佛繞百千帀即以天華而散佛上其所散華如須弥山并以
供養佛菩提樹其菩提樹高十由旬華供養已各以宮殿奉上彼佛
而作是言唯見哀愍饒益我等所獻宮殿願垂納處時諸梵天王即
於佛前一心同聲以偈頌曰
世尊甚希有　難可得值遇　具無量功德　能救護一切　天人之大師　哀愍於世間
十方諸衆生　普皆蒙饒益　我等所從來　五百萬億國　捨深禪定樂　為供養佛故

十方諸衆生　普皆蒙饒益　我等所從來　五百萬億國　捨深禪定樂　爲供養佛故
我等先世福　宫殿甚嚴飾　今以奉世尊　唯願哀納受
尒時諸梵天王偈讚佛已各作是言唯願世尊轉於法輪度脫衆
生開涅槃道時諸梵天王一心同聲而說偈言　世雄兩足尊
唯願演說法　以大慈悲力　度苦惱衆生　尒時大通智勝如來默
然許之又諸比丘東南方五百萬億國土諸大梵王各自見宫殿
光明照曜昔所未有歡喜踊躍生希有心即各相詣共議此
事時彼衆中有一大梵天王名曰大悲爲諸梵衆而說偈言
是事何因緣　而現如此相　我等諸宫殿　光明昔未有　爲大德天生　爲佛出世間
未曾見此相　當共一心求　過千萬億土　尋光共推之　多是佛出世　度脫苦衆生
尒時五百萬億諸梵天王與宫殿俱各以衣裓盛諸天華共詣西北
方推尋是相見大通智勝如來處于道場菩提樹下坐師子座
諸天龍王乾闥婆緊那羅摩睺羅伽人非人等恭敬圍繞及見
十六王子請佛轉法輪時諸梵天王頭面礼佛繞百千帀即以天
華而散佛上所散之華如須彌山并以供養佛菩提樹華供養
已各以宫殿奉上彼佛而作是言唯見哀愍饒益我等所獻宫

一百八十劫　空過无有佛　三惡道充滿　諸天衆減少　今佛出於世　為衆生作眼
世間所歸趣　救護於一切　為衆生之父　哀愍饒益者　我等宿福慶　今得值世尊
尒時諸梵天王偈讚佛已各作是言唯願世尊哀愍一切轉於法輪
度脫衆生時諸梵天王一心同聲而說偈言
大聖轉法輪　顯示諸法相　度苦惱衆生　令得大歡喜　衆生聞此法　得道若生天　諸惡道減少
忍善者增益　　尒時大通智勝如來黙然許之又諸比丘南方五
百萬億國土諸大梵王各自見宮殿光明照曜昔所未有歡喜踊躍
生希有心即各相詣共議此事以何因緣我等宮殿有此光曜而彼
衆中有一大梵天王名曰妙法為諸梵衆而說偈言
我等諸宮殿　光明甚威曜　此非無因緣　是相宜求之　過於百千劫　未曾見是相
為大德天生　為佛出世間　　尒時五百万億諸梵天王與宮殿
俱各以衣裓盛諸天華共詣北方推尋是相見大通智勝如來處
于道場菩提樹下坐師子座諸天龍王乾闥婆緊那羅摩睺羅伽
人非人等恭敬圍繞見十六王子請佛轉法輪時諸梵天王頭面礼佛
繞百千帀即以天華而散佛上所散之華如須弥山并以供養佛菩
提樹華供養已各以宮殿奉上彼佛而作是言唯見哀愍饒益我等
所獻宮殿願垂納受尒時諸梵天王即於佛前一心同聲以偈頌曰

BD00788　妙法蓮華經卷三

提樹華供養已各以宮殿奉上彼佛而作是言唯見哀愍饒益我等
所獻宮殿願垂納受尒時諸梵天王即於佛前一心同聲以偈頌曰
世尊甚難見　破諸煩惱者　過百三十劫　今乃得一見　諸飢渴衆生　以法雨充滿
昔所未曾覩　無量智慧者　如優曇鉢羅　今日乃值遇　我等諸宮殿　蒙光故嚴飾
世尊大慈愍　唯願垂納受　尒時諸梵天王偈讚佛已各作是
言唯願世尊轉於法輪令一切世間諸天魔梵沙門婆羅門皆獲
安隱而得度脫時諸梵天王一心同聲以偈頌曰
唯願天人尊　轉無上法輪　擊于大法鼓　而吹大法螺　普雨大法雨　度無量衆生
我等咸歸請　當演深遠音　尒時大通智勝如來默然許之西南
方乃至下方亦復如是尒時上方五百萬億國土諸大梵王皆悉自覩
所止宮殿光明威曜昔所未有歡喜踊躍生希有心即各相詣共議此
事以何因緣我等宮殿有斯光明時彼衆中有一大梵天王名曰尸棄為
諸梵衆而說偈言　今以何因緣　我等諸宮殿　威德光明曜　嚴飾未曾有
如是之妙相　昔所未聞見　為大德天生　為佛出世間
尒時五百萬億諸梵天王與宮殿俱各以衣裓盛諸天華共詣下方推尋
是相見大通智勝如來處于道場菩提樹下坐師子座諸天龍王乾闥婆
緊那羅摩睺羅伽人非人等恭敬圍繞及見十六王子請佛轉法輪時

唯見哀愍饒益我等所獻宮殿願垂納受時諸梵天王即於佛前
一心同聲以偈頌曰　善哉見諸佛　救世之聖尊　能於三界獄　勉出諸衆生
普智天人尊　哀愍群萌類　能開甘露門　廣度於一切　於昔無量劫　空過無有佛
世尊未出時　十方常暗暝　三惡道增長　阿脩羅亦盛　諸天衆轉減　死多墮惡道
不從佛聞法　常行不善事　色力及智慧　斯等皆減少　罪業因緣故　失樂及樂想
住於邪見法　不識善儀則　不蒙佛所化　常墮於惡道　佛為世間眼　久遠時乃出
哀愍諸衆生　故現於世間　超出成正覺　我等甚欣慶　及餘一切衆　喜歎未曾有
我等諸宮殿　蒙光故嚴飾　今以奉世尊　唯垂哀納受　願以此功德　普及於一切
我等與衆生　皆共成佛道　尒時五百萬億諸梵天王偈讚佛
已各白佛言唯願世尊轉於法輪多所安隱多所度脫時諸梵天王而
說偈言　世尊轉法輪　擊甘露法鼓　度苦惱衆生　開示涅槃道　唯願受我請
以大微妙音　哀愍而敷演　無量劫習法
尒時大通智勝如來受十方諸梵天王及十六王子請即時三轉十二行
法輪若沙門婆羅門若天魔梵及餘世間所不能轉謂是苦是苦集是
苦滅是苦滅道及廣說十二因緣法無明緣行行緣識識緣名
色名色緣六入六入緣觸觸緣受受緣愛愛緣取取緣有

色名色緣六入六入緣觸觸緣受受緣愛愛緣取取緣有
有緣生生緣老死憂悲苦惱无明滅則行滅行滅則識滅識
滅則名色滅名色滅則六入滅六入滅則觸滅觸滅則受滅受滅
則愛滅愛滅則取滅取滅則有滅有滅則生滅生滅則老死憂
悲苦惱佛於天人大衆之中說是法時六百萬億那由他人以不
受一切法故而於諸漏心得解脫皆得深妙禪定三明六通具八
解脫第二第三第四說法時千萬億恒河沙那由他等衆生亦
以不受一切法故而於諸漏心得解脫從是已後諸聲聞衆无量无邊
不可稱數尒時十六王子皆以童子出家而為沙弥諸根通利智慧
明了已曾供養百千萬億諸佛淨脩梵行求阿耨多羅三藐三菩
提俱白佛言世尊是諸無量千萬億大德聲聞皆已成就世尊亦
當為我等說阿耨多羅三藐三菩提法我等聞已皆共脩學世尊
我等志願如來知見深心所念佛自證知尒時轉輪聖王所將衆中八
萬億人見十六王子出家亦求出家王即聽許尒時彼佛受沙弥請
過二億万劫已乃於四衆之中說是大乘經名妙法蓮華教菩薩法佛
所護念說是經已十六沙弥為阿耨多羅三藐三菩提故皆共受持
諷誦通利說是經時十六菩薩沙弥皆悉信受聲聞衆中亦有

然禪定各昇法座亦於八万四千劫為四部衆廣說分別妙法華經一
一皆度六百万億那由他恒河沙等衆生示教利喜令發阿耨多羅三
藐三菩提心大通智勝佛過八万四千劫已從三昧起往詣法座安祥
而坐普告大衆是十六菩薩沙弥甚為希有諸根通利智慧明了已
曾供養无量千万億數諸佛於諸佛所常脩梵行受持佛智開示衆
生令入其中汝等皆當數數親近而供養之所以者何若聲聞辟支佛
及諸菩薩能信是十六菩薩所說經法受持不毀者是人皆當得阿
耨多羅三藐三菩提如來之慧佛告諸比丘是十六菩薩常樂說是
妙法蓮華經一一菩薩所化六百万億那由他恒河沙等衆生世世所
生與菩薩俱從其聞法悉皆信解以此因緣得值四万億諸佛世尊于
今不盡諸比丘我今語汝彼佛弟子十六沙弥今皆得阿耨多羅三藐三菩
提於十方國方現在說法有无量百千萬億菩薩聲聞以為眷屬其二
沙弥東方作佛一名阿閦在歡喜國二名須弥頂東南方二佛一名師子
音二名師子相南方二佛一名虛空住二名常滅西南方二佛一名帝相
二名梵相西方二佛一名阿弥陁二名度一切世間苦惱西北方二佛一名
多摩羅跋栴檀香神通二名須弥相北方二佛一名雲自在二名雲自在
王東北方佛名壞一切世間怖畏第十六我釋迦牟尼佛於娑婆國土成

BD00788　妙法蓮華經卷三

多摩羅跋栴檀香神通二名須弥相北方二佛一名雲自在二名雲自在
王東北方佛名壞一切世間怖畏苐十六我釋迦牟尼佛於娑婆國土成
阿耨多羅三藐三菩提諸比丘我等為沙弥時各各教化無量百千萬
億恒河沙等衆生從我聞法為阿耨多羅三藐三菩提此諸衆生于
今有住聲聞地者我常教化阿耨多羅三藐三菩提是諸人等應以
是法漸入佛道所以者何如来智慧難信難解尒時所化无量恒河沙等
衆生者汝等諸比丘及我滅度後末世中聲聞弟子是也我滅度後復有
弟子不聞是經不知不覺菩薩所行自於所得功德生滅度想當入
涅槃我於餘國作佛更有異名是人雖生滅度之想入於涅槃而於彼
土求佛智慧得聞是經唯以佛乘而得滅度更无餘乘除諸如来方
便說法諸比丘若如来自知涅槃時到衆又清淨信解堅固了達空法
深入禪定便集諸菩薩及聲聞衆為說是經世間无有二乘而得滅
度唯一佛乘得滅度耳比丘當知如来方便深入衆生之性知其志樂小法
深著五欲為是等故說於涅槃是人若聞則便信受譬如五百由旬
險難惡道曠絶無人怖畏之處若有多衆欲過此道至珎寶處有
一導師聰慧明達善知險道通塞之相將導衆人欲過此難所將人
衆中路懈退白導師言我等疲極而復怖畏不能復進前路猶遠今

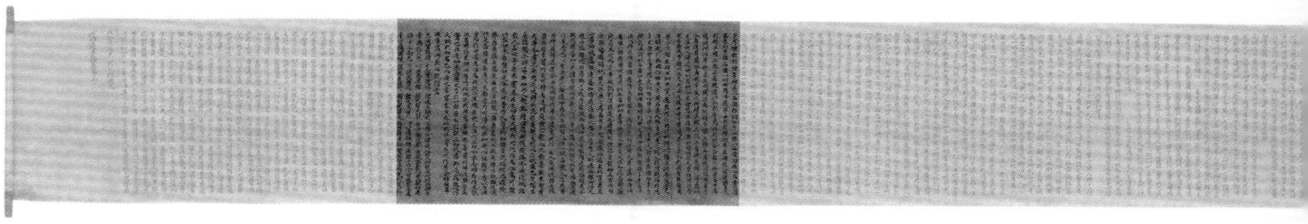

勿怖莫得退還今此大城可於中止隨意所作若入是城快得安隱
若能前至寶所亦可得去是時疲極之衆心大歡喜歎未曾有
我等今者免斯惡道快得安隱於是衆人前入化城生已度想生
安隱想尒時導師知此人衆既得止息無復疲惓即滅化城語
衆人言汝等去來寶處在近向者大城我所化作為止息耳諸
比丘如來亦復如是今為汝等作大導師知諸生死煩惱惡道險
難長遠應去應度若衆生但聞一佛乘者則不欲見佛不欲親近便
作是念佛道長遠久受懃苦乃可得成佛知是心怯弱下劣以方便
力而於中道為止息故說二涅槃若衆生住於二地如來尒時即便為說
汝等所作未辦汝等所住地近於佛慧當觀察籌量所得涅槃非真
實也但是如來方便之力於一佛乘分別說三如彼導師為止息故化作
大城既知息已而告之言寶處在近此城非實我化作耳尒時世尊
欲重宣此義而說偈言

大通智勝佛　十劫坐道場　佛法不現前　不得成佛道　諸天神龍王　阿修羅衆等
常雨於天花　以供養彼佛　諸天擊天鼓　并作衆伎樂　香風吹萎花　更雨新好者
過十小劫已　乃得成佛道　諸天及世人　心皆懷踊躍　彼佛十六子　皆與其眷屬
千万億圍繞　俱行至佛所　頭面禮佛足　而請轉法輪　聖師子法雨　充我及一切

BD00788　妙法蓮華經卷三

千万億圍繞 俱來至佛所 頭面禮佛足 而請轉法輪 聖師子法雨 充我及一切
世尊甚難值 久遠時一現 為覺悟群生 震動於一切 東方諸世界 五百萬億國
梵宮殿光曜 昔所未曾有 諸梵見此相 尋來至佛所 散花以供養 并奉上宮殿
請佛轉法輪 以偈而讚歎 佛知時未至 受請嘿然坐 三方及四維 上下亦復尒
散花奉宮殿 請佛轉法輪 世尊甚難值 願以大慈悲 廣開甘露門 轉无上法輪
無量慧世尊 受彼衆人請 為宣種種法 四諦十二緣 無明至老死 皆從生緣有
如是衆過患 汝等應當知 宣暢是法時 六百萬億姟 得盡諸苦際 皆成阿羅漢
第二說法時 千万恒沙衆 於諸法不受 亦得阿羅漢 從是後得道 其數無有量
万億劫筭數 不能得其邊 時十六王子 出家作沙弥 皆共請彼佛 演說大乘法
我等及營從 皆當成佛道 願得如世尊 慧眼第一淨 佛知童子心 宿世之所行
以無量因緣 種種諸譬喻 說六波羅蜜 及諸神通事 分別真實法 菩薩所行道
說是法花經 如恒河沙偈 彼佛說經已 靜室入禪定 一心一處坐 八萬四千劫
是諸沙弥等 知佛禪未出 為無量億衆 說佛無上慧 各各坐法座 說是大乘經
於佛宴寂後 宣揚助法化 一一沙弥等 所度諸衆生 有六百萬億 恒河沙等衆
彼佛滅度後 是諸聞法者 在在諸佛土 常與師俱生 是十六沙弥 具足行佛道
今現在十方 各得成正覺 尒時聞法者 各在諸佛所 其有住聲聞 漸教以佛道
我在十六數 曾亦為汝說 是故以方便 引汝趣佛慧 以是本因緣 今說法華經

明了心決定　在險濟眾難　眾人皆疲倦　而白導師言　我等今頓乏　於此欲退還
導師作是念　此輩甚可愍　如何欲退還　而失大珍寶　尋時思方便　當設神通力
化作大城郭　莊嚴諸舍宅　周帀有園林　渠流及浴池　重門高樓閣　男女皆充滿
即作是化已　慰眾言勿懼　汝等入此城　各可隨所樂　諸人既入城　心皆大歡喜
諸人既入城　心皆大歡喜　皆生安隱想　自謂已得度　導師知息已　集眾而告言
汝等當前進　此是化城耳　我見汝疲極　中路欲退還　故以方便力　權化作此城
汝今勤精進　當共至寶所　我亦復如是　為一切導師　見諸求道者　中路而懈廢
不能度生死　煩惱諸險道　故以方便力　為息說涅槃　言汝等苦滅　所作皆已辦
既知到涅槃　皆得阿羅漢　爾乃集大眾　為說真實法　諸佛方便力　分別說三乘
唯有一乘法　息處故說二　今為汝說實　汝所得非滅　為佛一切智　當發大精進
汝證一切智　十力等佛法　具三十二相　乃是真實滅　諸佛之導師　為息說涅槃
既知是息已　引入於佛已

妙法蓮華經卷第三

BD00788　妙法蓮華經卷三　（11–11）

BD00789 金光明最勝王經卷三

（唐）義净 譯

586.1cm×26cm

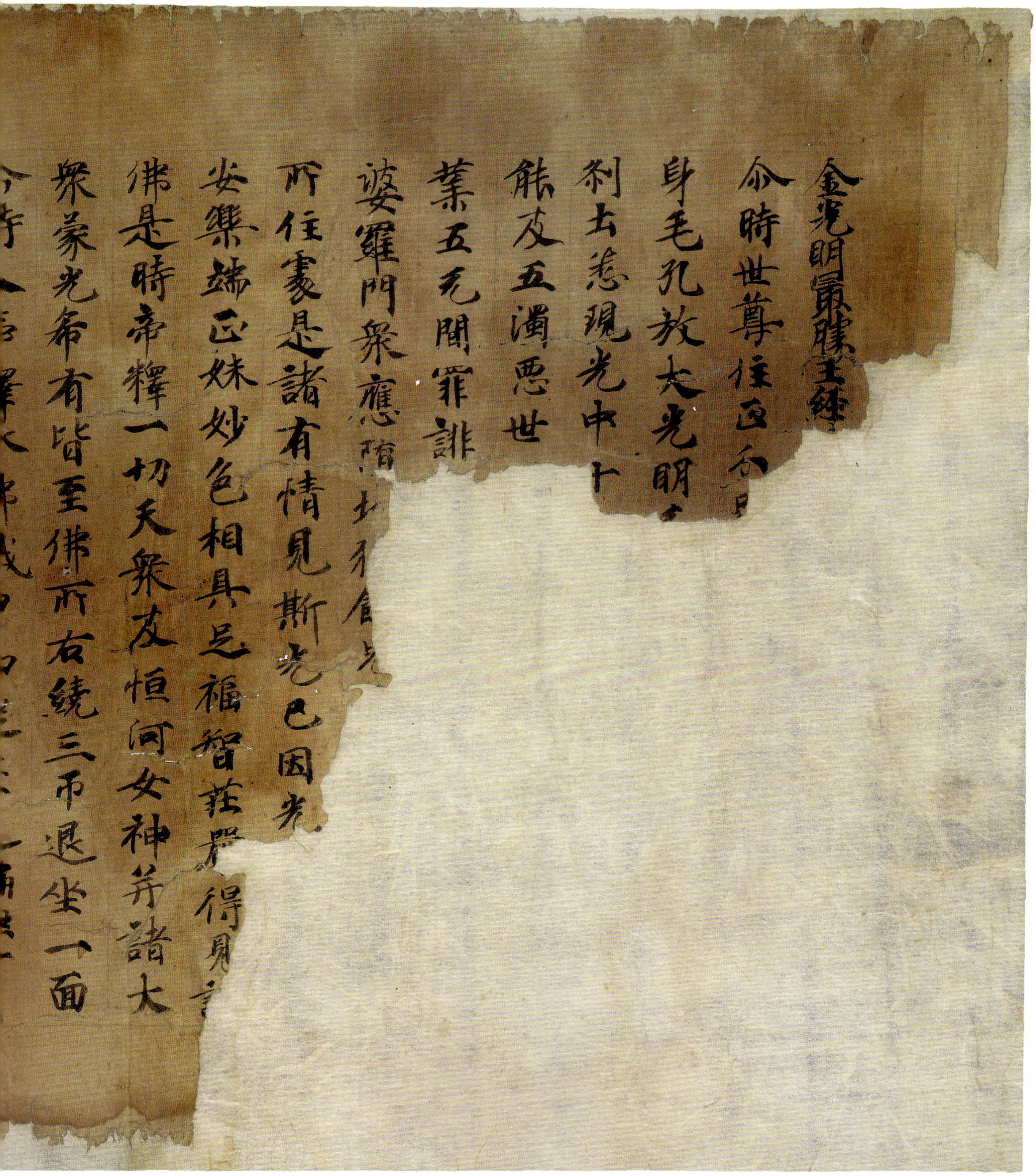

金光明最勝王經

爾時世尊住正分

身毛孔放大光明

剎土悉現光中十

能及五濁惡世

業五無間罪誹

婆羅門眾應墮地獄餓鬼

所住處是諸有情見斯光已因光

安樂端正殊妙色相具足福智莊嚴得見言

佛是時帝釋一切天眾及恒河女神并諸大

眾蒙光希有皆至佛所右繞三帀退坐一面

[illegible]

男子善女人願求阿耨多羅三藐三菩提修行
大乘攝受一切邪倒有情曾所造作業障
罪者云何懺悔當得除滅
佛告天帝釋善哉善哉善男子汝今修行欲
爲无量无邊衆生令得清淨解脫安樂哀愍
世間福利一切若有衆生由業障故造諸罪
者應當策勵晝夜六時偏袒右肩右膝著
地合掌恭敬一心專念口自說言歸命頂禮現
在十方一切諸佛已得阿耨多羅三藐三菩
提者轉妙法輪持照法輪雨大法雨擊大法
鼓吹大法螺建大法幢秉大法炬爲欲利益
安樂諸衆生故常行法施誘進群迷令得大
果證常樂故如是等諸佛世尊以身語意稽

果證常樂故如是等諸佛世尊以身語意稽
首歸誠至心礼敬彼諸世尊以真實慧以真
實眼真實證明真實平等悉知悉見一切衆
生善惡之業我從无始生死以來隨惡流轉
共諸衆生造業障罪為貪瞋癡之所纏縛
未識佛時未識法時未識僧時未識善惡由身
語意造无間罪惡心出佛身血誹謗正法破
和合僧煞阿羅漢煞害父母身三語四意三種
行造十惡業自作教他見作隨喜於諸善人橫
生毀謗斗稱欺誑以偽為真不淨飲食施與
一切於六道中所有父母更相惱害或盗窣
覩波物四方僧物現前僧物自在而用世尊
法律不樂奉行師長教示不相隨順見行聲

[illegible]
惜无明所覆邪見惑心不修善因令惡增長
於諸佛所而起誹謗法說非法非法說法如
是衆罪佛以真實慧真實眼真實證明真
實平等悉知悉見我今歸命對諸佛前皆悉發
露不敢覆藏未作之罪更不復作已作之罪
今皆懺悔所作業障應墮惡道地獄傍生餓
鬼之中阿蘇羅衆及八難處願我此生所有
業障皆得消滅所有惡報未來不受亦如過
去諸大菩薩修菩提行所有業障悉已懺悔
我之業障今亦懺悔皆悉發露不敢覆藏已
作之罪願得除滅未來之惡更不敢造亦如
未來諸大菩薩修菩提行所有業障悉已懺
悔我之業障今亦懺悔皆悉發露不敢覆藏

悔我之業障今亦懺悔皆悉發露不敢覆藏
已作之罪願得除滅未來之惡更不敢造亦
如現在十方世界諸大菩薩修菩提行所有
業障悉已懺悔我之業障今亦懺悔皆悉發
露不敢覆藏已作之罪願得除滅未來之惡
更不敢造
善男子以是因緣若有造罪一刹那中不得
覆藏何况一日一夜乃至多時若有犯罪欲
求清淨心懷愧恥信於未來必有惡報生大
恐怖應如是懺如人被火燒頭燒衣救令速
滅火若未滅心不得安若人犯罪亦復如是即
應懺悔令速除滅若有願生富樂之家多
饒財寶復欲發意修習大乘亦應懺悔滅除

三千世界者亦應懺悔滅除業障
善男子若有欲生四大王衆三十三天夜摩
天覩史多天樂變化天他化自在天亦應懺
悔滅除業障若欲生梵衆梵輔大梵天少光
无量光極光淨天少淨无量淨遍淨天无雲
福生廣果无煩无熱善現天善見色究竟天
亦應懺悔滅除業障若欲求預流果一來果
不還果阿羅漢果亦應懺悔滅除業障若欲
願求三明六通聲聞獨覺自在菩提至究竟
地求一切智智淨智不思議智不動智三藐
三菩提正遍智者亦應懺悔滅除業障何以
故善男子一切諸法從因緣生如來所說異
相生異相滅因緣異故如是過去諸法皆已
滅盡所有業障无復遺餘是諸行法未得現

滅盡所有業障无復遺餘是諸行法未得現
生而今得生未來業障更不復起何以故善
男子一切法空如來所說无有我人衆生壽者
亦无生滅亦无行法善男子一切諸法皆
依於本亦不可說何以故過一切相故若有
善男子善女人如是入於微妙真理生信敬
心是名无衆生而有於本以是義故說於懺
悔滅除業障
善男子若人成就四法能除業障永得清淨
云何為四一者不起邪心正念成就二者於
甚深理不生誹謗三者於初行菩薩起一切
智心四者於諸衆生起慈无量是謂為四尒
時世尊而說頌言

菩薩律儀犯極重惡二者於大乘經心生誹
謗三者於自善根不能增長四者貪著三
有无出離心復有四種對治業障云何為四
一者於十方世界一切如來至心親近說一
切罪二者為一切眾生勸請諸佛說深妙法
三者隨喜一切眾生所有功德四者所有一
切功德善根悉皆迴向阿耨多羅三藐三菩
提尒時天帝釋白佛言世尊世間所有男子
女人於大乘行有能行者有不行者云何能
得隨喜一切眾生功德善根佛言善男子若
有眾生雖於大乘未能修習然於晝夜六時
偏袒右肩右膝著地合掌恭敬一心專念作
隨喜時得福无量應作是言十方世界一切

BD00789　金光明最勝王經卷三

隨喜時得福无量應作是言十方世界一切
衆生現在修行施戒心慧我今皆悉深生隨
喜由作如是隨喜福故必當獲得尊重殊勝
无上无等最妙之果如是過去未來一切衆
生所有善根皆悉隨喜又於現在初行菩薩
發菩提心所有功德過百大劫行菩薩行有
大功德獲无生忍至不退轉一生補處如是
一切功德之蘊皆悉至心隨喜讚歎過去未
來一切菩薩所有功德隨喜讚歎亦復如是
復於現在十方世界一切諸佛應正遍知證
妙菩提為度无邊諸衆生故轉无上法輪行
无礙法施擊法鼓吹法螺建法幢雨法雨哀
愍勸化一切衆生咸令信受皆蒙法施悉得
充足无盡安樂又復所有菩薩聲聞獨覺功

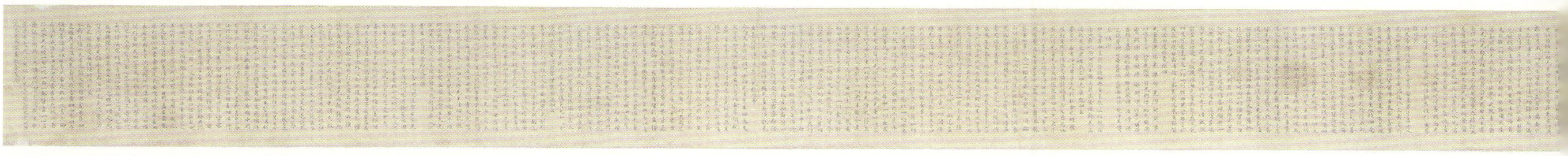

悉令具足我皆隨喜如是過去未來諸佛菩
薩聲聞獨覺所有功德亦皆至心隨喜讚歎
善男子如是隨喜當得无量功德之聚如恒
河沙三千大千世界所有衆生皆斷煩惱成阿
羅漢若有善男子善女人盡其形壽常以上
妙衣服飲食卧具醫藥而爲供養如是功德
不及如前隨喜功德千分之一何以故供養
功德有數有量不攝一切諸功德故隨喜功
德无量无數能攝三世一切功德是故若人
欲求增長勝善根者應修如是隨喜功德若
有女人願轉女身爲男子者亦應修習隨喜
功德必得隨心現成男子尒時天帝釋白佛言
世尊已知隨喜功德勸請功德唯願爲說欲

世尊已知隨喜功德勸請功德唯願爲說欲
令未來一切菩薩當轉法輪現在菩薩正修
行故佛告帝釋若有善男子善女人願求阿
耨多羅三藐三菩提者應當修行聲聞獨覺
大乘之道是人當於晝夜六時如前威儀一
心專念作如是言我今歸依十方一切諸佛
世尊已得阿耨多羅三藐三菩提未轉无上
法輪欲捨報身入涅槃者我皆至誠頂礼勸
請轉大法輪雨大法雨然大法燈照明理趣
施无礙法莫般涅槃久住於世度脫安樂一
切衆生如前所說乃至无盡安樂我今以此
勸請功德迴向阿耨多羅三藐三菩提如過去
未來現在諸大菩薩勸請功德迴向菩提我

供養如來若復有人勸請如來轉大法輪所
得功德其福勝彼何以故彼是財施此是法
施善男子且置三千大千世界七寶布施若
人以滿恒河沙數大千世界七寶供養一切諸
佛勸請功德亦勝於彼由其法施有五勝利
云何為五一者法施兼利自他財施不尒二者
法施能令衆生出於三界財施之福不出
欲界三者法施能淨法身財施但唯增長於
色四者法施無窮財施有盡五者法施能
斷無明財施唯伏貪愛是故善男子勸請功
德無量無邊難可辟喻如我昔行菩薩道時
勸請諸佛轉大法輪由彼善根是故今日一
切帝釋諸梵王等勸請於我轉大法輪善男

切帝釋諸梵王等勸請於我轉大法輪善男
子請轉法輪為欲度脫安樂諸衆生故我於
往昔為菩提行勸請如來久住於世莫般涅
槃依此善根我得十力四无所畏四无礙辯
大慈大悲證得无數不共之法我當入於无
餘涅槃我之正法久住於世我法身者清淨
无比種種妙相无量智慧无量自在无量功德
難可思議一切衆生皆蒙利益百千萬劫說
不能盡法身攝藏一切諸法一切諸法不攝
法身法身常住不墮常見雖復斷滅亦非斷
見能破衆生種種異見能生衆生種種真
見能解一切衆生之縛无縛可解能植衆生
諸善根本未成熟者令成熟已成熟者令解

菩薩之所修行一切如來體无有異此等皆
由勸請功德善根力故如是法身我今已得
是故若有欲得阿耨多羅三藐三菩提者
於諸經中一句一頌爲人解說功德善根尚无
限量何况勸請如來轉大法輪久住於世莫
般涅槃
時天帝釋復白佛言世尊若善男子善女人
爲求阿耨多羅三藐三菩提故修三乘道所
有善根云何迴向一切智智佛告天帝善男
子若有衆生欲求菩提修三乘道所有善根
願迴向者當於晝夜六時慇重至心作如是
說我從无始生死以來於三寶所修行成就
所有善根乃至施與傍生一摶之食或以善

BD00789　金光明最勝王經卷三

所有善根乃至施與傍生一摶之食或以善
言和解諍訟或受三歸及諸學處或復懺悔
勸請隨喜所有善根我今作意悉皆攝取迴
施一切衆生无悔恡心是解脫分善根所攝如
佛世尊之所知見不可稱量无礙清淨如是
所有功德善根悉以迴施一切衆生不住相
心不捨相心我亦如是功德善根悉以迴施
一切衆生願皆獲得如意之手搖空出寶
滿衆生願富樂无盡智慧无窮妙法辯才悉
皆无滯共諸衆生同證阿耨多羅三藐三菩
提得一切智因此善根更復出生无量善法
亦皆迴向无上菩提又如過去諸大菩薩修
行之時功德善根悉皆迴向一切種智現在

得阿耨多羅三藐三菩提[illegible]
切衆生俱成正覺如餘諸佛坐於道場菩提
樹下不可思議无礙清淨住於无盡法藏陁
羅尼首楞嚴定破魔波旬无量兵衆應見覺
知應可通達如是一切一剎那中悉皆照了於
後夜中獲甘露法證甘露義我及衆生願皆
同證如是妙覺猶如
无量壽佛　勝光佛　妙光佛　阿閦佛
功德善光佛　師子光明佛　百光明佛　網光明佛
寶相佛　寶焰佛　焰明佛　焰威光明佛
吉祥上王佛　微妙聲佛　妙莊嚴佛　法幢佛
上勝身佛　可愛色身佛　光明遍照佛　梵淨王佛
上性佛
如是等如來應正遍知過去未來及以現在

如是等如来應正遍知過去未来及以現在
亦現應化得阿耨多羅三藐三菩提轉无上
法輪爲度衆生我亦如是廣說如上
善男子若有淨信男子女人於此金光明最
勝經王滅業障品受持讀誦憶念不忘爲他
廣說得无量无邊大功德聚辟如三千大千
世界所有衆生一時皆得成就人身得人身已
成獨覺道若有男子女人盡其形壽恭敬
尊重四事供養一一獨覺各施七寶如須弥
山此諸獨覺入涅槃後皆以珎寶起塔供養
其塔高廣十二瑜繕那以諸花香寶幢幡蓋
常爲供養善男子於意云何是人所獲功德
寧爲多不天帝釋言甚多世尊善男子若復

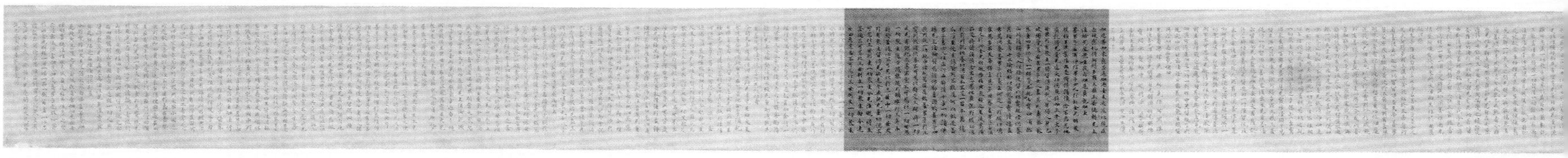

於前所說供養功德百分不及一百千萬億
分乃至校量譬喻所不能及何以故是善
男子善女人住正行中勸請十方一切諸佛
轉无上法輪皆為諸佛勸喜讚歎善男子如
我所說一切施中法施為勝是故善男子於三
寶所設諸供養不可為比勸受三歸持一切
戒无有毀犯三業不空不可為比一切世界
一切衆生隨力隨能隨所願樂於三乘中
勸發菩提心不可為比於三世中一切世界
所有衆生皆得无礙速令成就无量功德不
可為比三世刹土一切衆生令无障礙得三
菩提不可為比三世刹土一切衆生勸令速
出四惡道皆不可為比三世刹土一切衆生

出四惡道苦不可爲比三世刹土一切衆生
勸令除滅極重惡業不可爲比一切苦惱勸
令解脫不可爲比一切怖畏苦惱逼切皆令
得解不可爲比三世佛前一切衆生所有功
德勸令隨喜發菩提願不可爲比勸除惡行
罵辱之業一切功德皆願成就所在生中勸
請供養尊重讚歎一切三寶勸請衆生淨修
福行成滿菩提不可爲比是故當知勸請一
切世界三世三寶勸請滿足六波羅蜜勸請
轉於无上法輪勸請住世經无量劫演說无
量甚深妙法功德甚深无能比者
尒時天帝釋及恒河女神无量梵王四大天
衆從座而起偏袒右肩右膝著地合掌頂礼

何以故世尊我等欲求阿耨多羅三藐三菩
提隨順此義種種勝相如法行故尒時梵王
及天帝釋等於說法處皆以種種曼陁羅花而
散佛上三千大千世界地皆大動一切天鼓及
諸音樂不鼓自鳴放金色光遍滿世界出
妙音聲時天帝釋白佛言世尊此等皆是
金光明經威神之力慈悲普救種種利益種
種增長菩薩善根滅諸業障佛言如是如是
如汝所說何以故善男子我念往昔過无量
百千阿僧祇劫有佛名寶王大光照如來應
正遍知出現於世住世六百八十億劫尒時
寶王大光照如來為欲度脫人天釋梵沙門
婆羅門一切衆生令安樂故當出現時初會說

婆羅門一切衆生令安樂故當出現時初會説
法度百千億億万衆皆得阿羅漢果諸漏
已盡三明六通自在无礙於苐二會復度九
十千億億萬衆皆得阿羅漢果諸漏已盡三
明六通自在无礙於苐三會復度九十八千
億億万衆皆得阿羅漢果圓滿如上
善男子我於尒時作女人身名福寶光明於
苐三會親近世尊受持讀誦是金光明經爲
他廣説求阿耨多羅三藐三菩提故時彼世
尊爲我授記此福寶光明女於未來世當得
作佛号釋迦牟尼如來應正遍知明行足善
逝世間解无上士調御丈夫天人師佛世尊捨
女身後從是以來越四惡道生人天中受上

然皆見寶王大光照如來轉无上法輪説微
妙法善男子去此索訶世界東方過百千恒
河沙數佛土有世界名寶莊嚴其寶王大光
照如來今現在彼未般涅槃説微妙法廣化
羣生汝等見者即是彼佛
善男子若有善男子善女人聞是寶王大光
照如來名号者於菩薩地得不退轉至大涅
槃若有女人聞是佛名者臨命終時得見彼佛
來至其所既見佛已究竟不復更受女身
善男子是金光明微妙經典種種利益種種
增長菩薩善根滅諸業障善男子若有苾芻
苾芻尼鄔波索迦鄔波斯迦隨在何處為人講
説是金光明微妙經典於其國土皆獲四種

說是金光明微妙經典於其國土皆獲四種
福利善根云何爲四一者國王无病離諸災厄
二者壽命長遠无有障礙三者无諸怨敵
兵衆勇健四者安隱豐樂正法流通何以故如
是人王常爲釋梵四王藥叉之衆共守護故尒
時世尊告天衆曰善男子是事實不是時无
量釋梵四王及藥叉衆俱時同聲荅世尊
言如是如是若有國主講宣讀誦此妙經王是
諸國主我等四王常來擁護行住共俱其王若
有一切災障及諸怨敵我等四王皆使消殄
憂愁疾疫亦令除差增益壽命感應禎祥
所願遂心恒生歡喜我等亦能令其國中所
有軍兵悉皆勇健佛言善哉善哉善男子如

色力勝利宮殿光明眷屬强盛時釋梵等白
佛言如是世尊佛言若有講讀此妙經典流
通之處於其國中大臣輔相有四種益云何
為四一者更相親穆尊重愛念二者常為人
王心所愛重亦為沙門婆羅門大國小國之
所遵敬三者輕財重法不求世利嘉名普暨
衆所欽仰四者壽命延長安隱快樂是名四
益若有國土宣說是經沙門婆羅門得四種
勝利云何為四一者衣服飲食卧具醫藥无
所乏少二者皆得安心思惟讀誦三者依於
山林得安樂住四者隨心所願皆得滿足是
名四種勝利若有國土宣說是經一切人民
皆得豐樂无諸疾疫商估往還多獲寶貨

皆得豐樂无諸疾疫商估往還多獲寶貨
具足勝福是名種種功德利益
尒時梵釋四天王及諸大衆白佛言世尊如
是經典甚深之義若現在者當知如來卅七
種助菩提法住世未滅若是經典滅盡之時
正法亦滅佛言如是如是善男子是故汝等
於此金光明經一句一頌一品一部皆當一心正
讀誦正聞持正思惟正修習爲諸衆生廣
宣流布長夜安樂福利无邊時諸大衆聞佛
說已咸蒙勝益歡喜受持

金光明經卷第三

闍胡對穆莫六暨其器

比丘道斌寫

BD00790

維摩詰所說經卷上

（後秦）鳩摩羅什 譯

324.5cm × 25.5cm

……礫是身无作風
力所轉是身不淨穢惡充滿是身爲虛僞雖
假以澡浴衣食必歸磨滅是身爲災百一病
惱是身如丘井爲老所逼是身无定爲要當
死是身如毒虵如怨賊如空聚陰界諸入共
合成諸仁者此可患猒當樂佛身所以者何
佛身者即法身也從无量功德智慧生從戒
定慧解脫解脫知見生從慈悲喜捨生從布
施持戒忍辱柔和勤行精進禪定解脫三昧
多聞智慧諸波羅蜜生從方便生從六通生
從三明生從卅七道品生從止觀生從十力
四无所畏十八不共法生從斷一切不善法集
一切善法……

斷一切衆生病者當發阿耨多羅三藐三
菩提心如是長者維摩詰為諸問疾者如應
說法令无數千人皆發阿耨多羅三藐三
菩提心

弟子品第三

尒時長者維摩詰自念寢疾于牀世尊大慈
寧不垂愍佛知其意即告舍利弗汝行詣維
摩詰問疾舍利弗白佛言世尊我不堪任詣
彼問疾所以者何憶念我昔曾於林中宴坐
樹下時維摩詰來謂我言唯舍利弗不必是
坐為宴坐也夫宴坐者不於三界現身意是
為宴坐不起滅定而現諸威儀是為宴坐不捨
道法而現凡夫事是為宴坐心不住內亦不

道法而現凡夫事是為宴坐心不任内亦不
在外是為宴坐於諸見不動而脩行卅七品
是為宴坐不斷煩惱而入涅槃是為宴坐若
能如是坐者佛所印可時我世尊聞如是語
嘿然而止不能加報故我不任詣彼問疾
佛告大目揵連汝行詣維摩詰問疾目連白
佛言世尊我不堪任詣彼問疾所以者何憶
念我昔入毗耶離大城於里巷中為諸居士
說法時維摩詰来謂我言唯大目連為白
衣居士說法不當如仁者所說夫說法者當
如法說法无衆生離衆生垢故法无有我離我
垢故法无壽命離生死故法无有人前後際
斷故法常寂滅諸相故法離於相无所緣

故法无名字言語斷故法无有說離覺觀
故法无形相如虛空故法无戲論畢竟空故
法无我所離我所故法无分別離諸識故法无有
比无相待故法不屬因不在緣故法同法性入
諸法故法隨於如无所隨故法住實際諸邊
不動故法无動搖不依六塵故法无去來常
不住故法順空隨无相應无作法離好醜
法无增損法无生滅法无所歸法過眼耳
鼻舌身心法无高下法常住不動法離一切
觀行唯大目連法相如是豈可說乎夫說
法者无說无示其聽法者无聞无得譬如
幻士為幻人說法當建是意而為說法當了
衆生根有利鈍善於知見无所罣礙以大悲
讚于大乘念報佛恩不斷三寶然後說法

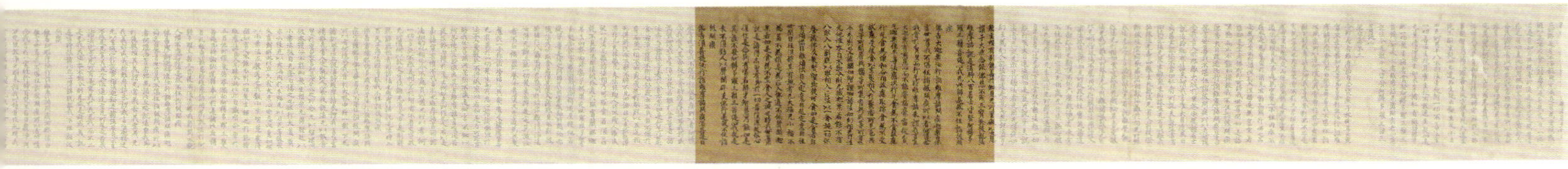

衆生根有利鈍善於知見无所罣礙以大悲
讃于大乘念報佛恩不斷三寶然後説法
維摩詰説是法時八百居士皆發阿耨多
羅三藐三菩提心我无此辯是故不任詣彼問
疾
佛告大迦葉汝行詣維摩詰問疾迦葉白佛
言世尊我不堪任詣彼問疾所以者何憶念
我昔於貧里而行乞時維摩詰来謂我言唯
大迦葉有慈悲心而不能普捨豪富從貧
乞迦葉住平等法應次行乞食為不食故應
行乞食為壞和合相故應取揣食為不受
故應受彼食以空聚想入於聚落所見色與
盲等所聞聲與響等所嗅香與風等所食味

八耶入八解脫以耶相入正法以一食施一切供
養諸佛及衆賢聖然後可食如是食者非
有煩惱非離煩惱非入定意非起定意非住
世間非住涅槃其有施者无大福无小福不
為益不為損是為正入佛道不依聲聞迦
葉若如是食為不空食人之施也時我世尊聞
說是語得未曾有即於一切菩薩深起敬心
復作是念斯有家名辯才智慧乃能如是
其誰不發阿耨多羅三藐三菩提心我從是
來不復勸人以聲聞辟支佛行是故不任詣
彼問疾
佛告須菩提汝行詣維摩詰問疾須菩提白

彼問疾
佛告須菩提汝行詣維摩詰問疾須菩提白
佛言世尊我不堪任詣彼問疾所以者何憶
念我昔入其舍從乞食時維摩詰取我鉢盛
滿飯謂我言唯須菩提若能於食等者諸
法亦等諸法等者於食亦等如是行乞乃可取
食若須菩提不斷婬怒癡亦不與俱不壞於
身而隨一相不滅癡愛起於明脫以五逆相
而得解脫亦不解不縛不見四諦非不見諦非得
果非凡夫非離凡夫法非聖人非不聖人雖成
就一切法而離諸法相乃可取食若須菩
提不見佛不聞法彼外道六師富蘭那迦
葉末伽梨拘賒梨子刪闍夜毗羅胝子尼犍

提子等是汝之師因其出家彼師所墮汝亦
隨墮乃可取食若須菩提入諸邪見不到彼
岸住於八難不得无難同於煩惱離清淨法
汝得无諍三昧一切眾生亦得是定其施汝
者不名福田供養汝者墮三惡道為與眾
魔共一手作諸勞侶汝與眾魔及諸塵勞等
无有異於一切眾生而有怨心謗諸佛毀於
法不入眾數終不得滅度汝若如是乃可取食
時我世尊聞此茫然不識是何言不知以
何荅便置鉢欲出其舍維摩詰言唯須菩
提取鉢勿懼於意云何如來所作化人若以是
事詰寧有懼不我言不也維摩詰言一切諸
法如幻化相汝今不應有所懼也所以者何

法如幻化相汝今不應有所懼也所以者何
一切言說不離是相至於智者不著文字故
无所懼何以故文字性離无有文字是則解
脫解脫相者則諸法也維摩詰說是法時二
百天子得法眼淨故我不任詣彼問疾
佛告富樓那弥多羅尼子汝行詣維摩詰問
疾富樓那白佛言世尊我不堪任詣彼問疾
所以者何憶念我昔於大林中在一樹下為
諸新學比丘說法時維摩詰來謂我言唯富
樓那先當入定觀此人心然後說法无以穢食
置於寶器當知是比丘心之所念无以瑠璃同
彼水精汝不能知衆生根原无得發起以
小乘法彼自无瘡勿傷之也欲行大道莫

人以小乗法而教導之我觀小乗智慧微淺
猶如盲人不能分別一切衆生根之利鈍時
維摩詰即入三昧令此比丘自識宿命曾扵
五百佛所殖衆德本迴向阿耨多羅三藐三
菩提即時豁然還得本心扵是諸比丘稽
首礼維摩詰足時維摩詰因為說法扵阿
耨多羅三藐三菩提不復退轉我念聲聞不觀
人根不應說法是故不任詣彼問疾
佛告摩訶迦旃延汝行詣維摩詰問疾迦
旃延白佛言世尊我不堪任詣彼問疾所以
者何憶念昔者佛為諸比丘略說法要我即
扵後敷演其義謂无常義苦義空義无

於後敷演其義謂无常義苦義空義无
我義寂滅義時維摩詰來謂我言唯迦旃延
无以生滅心行說實相法迦旃延諸法畢竟不生
不滅是无常義五受陰通達空无所起是苦義
諸法究竟无所有是空義於我无我而不二
是无我義法本不然今則无滅是寂滅義說
是法時彼諸比丘心得解脫故我不任詣彼
問疾
佛告阿那律汝行詣維摩詰問疾阿那律白
佛言世尊我不堪任詣彼問疾所以者何憶
念我昔於一處經行時有梵王名曰嚴淨與
万梵俱放淨光明來詣我所稽首作礼問我
言幾何阿那律天眼所見我即答言仁者吾

中菴摩勒果時維摩詰来詣我言唯阿那律
天眼所見為作相耶无作相耶假使作相則與
外道五通等若无作相即是无為不應有
見世尊我時嘿然彼諸梵聞其言得未曾有
即為作礼而問曰世孰有真天眼者維摩詰
言有佛世尊得真天眼常在三昧悉見諸佛
國不以二相是嚴淨梵王及其眷属五百
梵天皆發阿耨多羅三藐三菩提心礼維摩
詰足已忽然不現故我不任詣彼問疾
佛告優波離汝行詣維摩詰問疾優波離白
佛言世尊我不堪任詣彼問疾所以者何憶
念昔者有二比丘犯律行以為恥不敢問佛
来問我言唯優波離我等犯律誠以為恥不

来問我言唯優波離我等犯律誠以為恥不
敢問佛願解疑悔得免斯咎我即為其如法
解說時維摩詰来謂我言唯優波離无重增
此二比丘罪當直除滅勿擾其心所以者何彼
罪性不在內不在外不在中間如佛所說心
垢故眾生垢心淨故眾生淨心亦不在內不在
外不在中間如其心然罪垢亦然諸法亦然
不出於如如優波離以心相得解脫時寧有
垢不我言不也維摩詰言一切眾生心相无
垢亦復如是唯優波離妄想是垢无妄想
是淨顛倒是垢无顛倒是淨取我是垢不
取我是淨優波離一切法生滅不住如幻如
電諸法不相待乃至一念不住諸法皆妄見如
夢如炎如水中月如鏡中像以妄想生其知

二比丘言上智哉是優波離所不及持律之
上而不能說我答言自捨如來未有聲聞
及菩薩能制其樂說之辯其智慧明達爲若
此也時二比丘疑悔即除發阿耨多羅三藐三
菩提心作是願言令一切衆生皆得是辯故我
不任詣彼問疾
佛告羅睺羅汝行詣維摩詰問疾羅睺羅白
佛言世尊我不堪任詣彼問疾所以者何憶
念昔時毗耶離諸長者子來詣我所稽首作
礼問我言唯羅睺羅汝佛之子捨轉輪王位

BD00791-1 八波羅夷篇

BD00791-2 敕修彌勒禪（擬）

BD00791-3 三乘五性義（擬）

204.5cm × 28.2cm

九斷未七
未來有漏 十
令三藏教法相永不
住體是雜穢生死根本[illegible]剎清俗三不[illegible]
比結違之深寧害不犯禁是故聖制 釋名字者名稱
過名不淨行等是其別号 第三具緣成犯亦有通別
過復有三 一大丘比簡非所被文言若比丘故 二廣制教後以其初
人教未故 三一無重病壞亂癡狂等此之三義總通諸戒 言別緣有四
一正境 二有淨心 三起方便 四与境合便犯 比戒通三別四七種成犯
此戒文三 一略制 二隨制 三廣制 言略制者初因須提那子比丘於毗舍
離時迦蘭陀村出家欲道其母与財勸令罷道家再三不從後以故二
勸遂乃罷道家犯不淨行因斯世尊呵責制戒 後跋闍子比丘不樂淨行
罷道家隨制 又因林中乞食比丘共畜起過廣制故名為足戒
次釋所言若比丘者四分云一名字比丘比是通之別義 二相似比丘者[illegible]剃髮被
戒外現威儀似他持戒故云相似 三自稱比丘者謂賊住比丘自言我是

弃外孫陀傳作付扌弃古云扌分　三自稱比丘者貪財作比丘自言我是

比丘故曰自稱　四乞求比丘者順依聖教以乞資身離五耶命正命自活

故云乞求比丘　五著割截衣比丘者若著比衣有二勝益一則毀其細

好離自貪着　二不為王賊之所貪奪集常有資身受用之益故云著

割截衣比丘　六破結使比丘者理解心中而發具足戒故云破結使比丘

七八敬比丘尼者阿難傳請如來至道宣八敬之法　阿難傳受受道聞之遵斯

八法即發具足故曰八敬　八白四羯磨比丘尼者若受具戒人數滿足緣羯磨

成就緣得處所結界成就界內無別衆緣身無遮難具此四緣故名白

四羯磨比丘比尼二人義通未代故須簡比人　言波羅夷者自行絕　不共住者

衆法絕　四分云譬如斷人頭不復還活比丘尼尒若犯此戒不復成比丘尼

故名波羅夷　第二盜戒　一制意通准上　別意者凡盜資財形命

之本非比不傷人情實重意著處深出家理應撥已清物今乃非

理侵奪損惱不輕過中之重是故聖制　二釋名者非離損財名之為盜〻

者非戒〻是能治盜是所防舉彼所防以別能治故曰盜戒　第三具緣通

緣如上別緣有六　一有主物　二有主想　三重物　四有盜心　五有起方便

六離本處　尒時世尊在羅閱城擅尼加比丘造舍草舍遂被取新人

打破後並……

六雜本處　尒時世尊在羅閱城檀尼加比丘造瓦色草舍遂被取薪人
打破後造赤色瓦舍世尊呵責遂訴宣王命取王要林因背依王法盜
滿五錢犯重　第三煞戒　一解戒通意如上　別意者趣報勝善曰所招報
心俱是道器但出家之人應懷四等令及真心斷懷陰境違慈惱他損害
道器邑中之甚爲斯聖制　二釋名者五陰法中假立衆生斷於五陰名
名爲煞生此是所防戒是能治能所通舉号煞生戒　三具緣者通緣
如上　別緣有五　一是人簡餘趣輕故　二人想疑輕故　三煞心　四興方
便　五斷命根　尒時世尊在毗舍離國讚不淨觀諸比丘遂厭棄身
命求刀自煞遂見勿力伽難提比丘持入薗便以衣鉢難提比丘遂斷其
命記於婆求河邊洗刀時有天魔來於水上讚言善哉善哉有大功
德其難提遂心生却持刀入薗日煞六十人死屍狼藉居士嫌責自
世尊因制戒　第四妄語戒
一解意通意如上　別意者凡爲真道聖所證法非是凡夫
塵穢之所能契以未得（已證）故胃假虛謙自言已證或乱群心欺誑
於世悕招名利自擁其法因邑中之重故須聖制　通緣如上　別緣
有八　一境是人　二人想　三境虛　四知境虛　五説過人法　六自言已得

有八一境界是人 二人想 三境盡 四知境盡 五說過人法 六自言已得
七言餘了了 八前人知解便犯 今時世尊在毗舍離時時世穀貴人民飢
饉乞求難得 慈遂乃勅諸比丘分令安居 初回婆求何邊安居比丘爭
稱得上人法故仏略制此戒 摩觸戒第五 仏在舍衛国祇樹給孤
獨薗時有善廣樂長者与偷蘭難陀比丘尼相觸仏制此戒具五緣
成犯 一男子簡非天与畜男異女等男中不問死活大小輕重等又通道
俗親疎廣說可知 二人男相 三染心 四相觸 五受樂便犯 不犯者若有
相觸或戲笑相解時相觸不犯 犯八事戒第六
仏在舍衛国祇樹給孤獨薗時沙樓廣長者与偷蘭難陀比丘尼有染
心受長者捉手衣等故制此制戒具五緣成犯 一男 二男相 三染心 四犯
前七事未滿 五八事作犯 言八事者 捉手 二捉衣 三入屏處難
四屏處立語行住等三事亦尔 七身相倚者 二身交共期者 共行
婬處 若男有染心便犯犯上七事 七偷蘭 不滿犯八事波羅夷 准此八
捉手捉不重成 若一男犯八一時犯八八年犯八八男成重亦无次第僧祇如比
不犯者 若有所施与若礼拜不悔過若受法入屏處不惡事不犯由俱
无染心故下入同室犯墮者无所為事涉世譏醜故犯

无染心故下入同室犯墮者无所為事涉世譏醜故犯

覆藏他重罪戒第七　仏在舍衛國祇樹給孤獨園時偷蘭難陀比

丘尼妹字坻舍難陀其人犯波羅夷時偷蘭難陀知𢚩妹得惡名稱黑

然不說其妹休道仏自制戒具六緣成犯　一大尼　二犯八重已　三知他犯重

四作覆藏心　五發露　六明相出便犯　於八法中犯下罪知是彼並

尼波羅夷前食知後食時說偷蘭乃至中夜知後夜說偷蘭後夜知

不說至明相出波羅夷　除八戒覆餘罪不說者隨所犯自重偷蘭除

比丘尼餘人吉羅　覆戒叉沙弥尼吉羅不犯者為不知向人說若无人可

向說意欲而未說明相出　恐有命難梵行難不說不犯

隨舉戒第八　仏在拘睒弥國瞿師羅園中時尊者闡陀比丘僧為作舉如

法如律如仏所教僧不為懺悔僧未作共住時有比丘尼名尉此往及

承事諸比丘尼語言闡陀比丘僧不除舉不懺悔僧未与作共住汝莫作

順從尉此答言諸大妹此是我兄今日不供養更待何時由故不止

曰仏制戒　具六緣成犯　一自身隨彼　二諸尼如法訶諫　三不受

勸道　四如法諫　五拒而不捨　六三羯磨竟便　不犯者初諫時捨一切

未作呵諫前不犯　已上八波羅夷文

有勑循下諸州令應、坐禪之人先為當今 聖神贊普乞里提足贊 聖躬
遐遠 聖壽延長國界安寧 普天清謐 其坐禪之衆初發首十
方諸仏三世如來如對前淨心作礼然後安坐如曾聞師訓或通弥勒
禪者依法修行如未聞訓旨者依此方法恒黙觀諦旦某修行條令
如後
夫坐禪時先發廣大慈心依閑淨處端身正坐収攝根門
唯觀目前心無掉舉身心安泰加趺而坐 一等衆生如父母想无
愛无憎无高无下親疎平等下至施其半食上拯濟拔全身各隨前
人所須惠施内外財寶、使一切衆生世出世間從凡入聖人天果報无上菩提自
及彼身善皆圓滿方稱弥勒慈悲之禪 初心修行於怨親境未能
調伏者怨親各分三品无怨无親分為一品都合七心先從至親起慈悲
行而淳熟已而調次親次親淳熟如調下親下心淳熟如調平人平心淳熟
如調下怨下心淳熟而調中怨中心淳熟而調上怨如是怨親平等復於
隣里隣陌乃至村邑而淳熟者後乃遍於四方八表海内海外有情无情有相
无相无邊世界悉皆平等此禪既尔福祚亦然如是修行是弥勒修行
之法 一如上所說蓋為初心調心便方故云弥勒慈心三昧 整之開所御衆生
任心若其行者欲得真實无分別禪者當須悟解 一切諸法不從自生不

攝心若其行者欲得真實無分別禪者當須悟解一切諸法不從自生不
從他生不共從自他生亦不是無因而生衆緣和合而生起者蓋是衆
生自心現流而起本性實無生者無生亦不分別了了知心不住分別無
分別者是名彌勒無分別禪

三乘五性者　一聲聞乘　二緣乘　三菩薩乘　問何者是聲聞乘　問
答有一類人於佛會下聞說四諦法因聲悟道淨其客塵故名聲聞　問
何者是緣覺　答聞因緣法常覺喧煩息淨客塵名緣覺乘　問何者
是菩薩人　答聞說六波羅蜜息諸心念起行修行證佛果故名菩薩乘　問三乘
見法如何　答三乘所見之理各不同故然其二乘所見相似見一切法皆從緣
生六塵境界及涅槃理心內皆有見除見淨有愛有增起如是見所以聲
聞緣覺所見皆同合名下乘見雖是同行行不等稱聲聞人根性劣故事
須知苦斷集證滅修道悟知苦空無常無我之理如此苦身因煩惱集若
求出苦須斷集因要證涅槃修八聖道為涅槃因聞此法故深起願求便能修行
戒定之慧為出世因此是聲聞所行之行　緣覺所行行者為緣覺人根
性聰利觀因緣法順流逆流二種法性無明緣行等是其順流順出世間法
即覺老死因何而有因生而有生因何有因有取等是其順流如是逆尋至無

却從後身死因何有因生而有生因何有因有取等是其順流如是逆身至无
明以无明為根本滅无明故行滅至老死滅更无所有便證其果此是順
出世間法性道理是緣覺所行之行　菩薩見法者悟知者之空六塵境界超
菩提皆從心生了知心无一切皆空心生一切法生心滅一切法滅若心離二邊平等
皆如无是无非无取无捨寂然而有寂然而空此是菩薩所見之相菩薩所行之
者此人聞說大乘之法最勝无息邊聞說世法果患極多皆可破壞二乘極果
非是究竟了知四生及於五趣同真如性便能發行諸波羅蜜勇猛精進能
離自他便能速成无上佛果此是菩薩所行之行　問三乘得果如何
答聲聞緣覺勝劣雖殊而彼所證同我空理故二乘人所證菩提皆同但二
之人於此身斷諸煩惱所得菩提名有餘依煩惱雖盡苦身由在不盡名
曰餘依前三果果四向所證也　无餘依者謂見眾生飢渴寒熱眾苦
極多厭患身心此欲求二弃捨以自智惠從內化火焚身其心如燈火滅
眾苦俱寂如太虛空淨无一物名无餘依此是二乘所得菩提　菩薩菩提相者
地前三賢菩薩障未亡不得菩提地上雖得百法明門證二空真如為化眾
生不起煩惱業不得名曰有依餘菩提未捨生死有微苦故不得名曰无餘依菩提
由有下乘般涅槃障由是未得无住菩提菩薩得生第五地中方斷此障乃證

由有下乘般涅槃障由是未得无住涅槃菩薩得生第五地中方斷此障入證
无住涅槃之理更遲修時方得仏果　言五性者聲聞種性　緣覺種性
菩薩種性　不定種性　无種性　三乘義如上　不定性者有一類人根性利
故聞説三乘漸次修學速證无生名不定性　无種性者是一闡提人謂不
信善法廣造諸惡无三乘性此是三乘五性　五乘三性者　三乘如上
第四人乘　第五天乘　修五戒故得人乘　持十善故得天乘　合人天為
一乘者五戒十善皆是世間法故合為一乘　開不定性為五乘者隨三乘行修
法種性別故開為五乘有合不定性入三乘中隨三乘教修行之時皆得
出世開人天乘為五乘者　五戒十善各差別故説為五乘　問三乘宗何
荅聲聞緣覺以因緣為宗知一切法皆從緣生六塵境界心外皆有
大乘勝義皆空宗亦云无相宗假從緣生緣无自性而皆空名无相宗
三乘五性相攝者為五性寬故攝三乘　三乘為狹故不攝五性　問
聲聞緣覺同是小人何別分為二種乘別　荅此二種人利鈍有殊分為二乘
為聲聞人根性鈍故立為下乘緣覺之人根性利故分為中乘　問緣
獨覺有何差別　荅緣覺之人要從前人聞説因緣之法滅因緣法證得
道果獨覺之人不假前人出无仏世思惟得道獨悟非常名曰獨覺

就緣覺中人此根利為性昔修因之時任性修善不起希願々我來世
值佛聞法不如是故出无佛世為根性利於緣覺故標別　緣覺之人以
修因時修諸善品為起行願々我後々世時值佛聞法起如是願故出於佛
世得聞正法有資判故

BD00792　大方便佛報恩經卷五

255cm × 26.5cm

其王常懷慈心布施一切不逆人意尒時有
一小邊國王常懷慝逆尒時大光明王於月
月諸齋日以五百大象載珎寶錢財衣被飲
食著大市中及著四城門外布施一切時敵
國怨家聞大光明王布施一切不逆人意有
須衣服飲食金銀珎寶者恣意自重而去尒
時邊小國王聞大光明王布施之德心生嫉妬
即集諸臣誰能往波羅柰國乞大光明王頭
諸臣皆無能往者王復更宣令誰能往波羅
柰國乞大光明王頭能去者償金千斤其中
有一婆羅門言我能往乞之但給我資粮此國
去波羅柰六千餘里王即給資粮遣至波羅柰
國時婆羅門往到波羅柰界上其地六種
[illegible]

現流星崩落於其國中有諸流泉浴池華菓
茂盛常所愛樂者而皆枯乾時婆羅門往到
波羅柰城在門外立時守門神語守門者言
此大慈婆羅門從遠方來欲乞大光明王頭汝
汝莫聽入時婆羅門住在門外停滯一七不能
能得前語守門者我從遠來欲見大王時守
門者即入白王有一婆羅門從遠方來今在
門外王聞是語即出奉迎如子見父前為作
礼所從來邪冒涉塗路得无疲惓婆羅門言
我在他方聞王功德布施不逆人意名聲遠
聞上徹倉天下徹黃泉遠近歌讚无虛言故
從遠來歷涉山川今欲有所得王言我今名
為一切之施有所求索莫自疑難婆羅門言審
實今我不用餘物今欲大同乏王乞頭王聞

爲一切之施有所求索莫自疑難婆羅門言審
實尒不我不用餘物今欲大祠從王乞頭王聞
是已深自思惟我從无始生死已來空亶此身
未曾爲法空受生死勞我精神今者此身深欲
爲求菩提攢及衆生今不與者違我本心若
不以此身施者何緣當得成於阿耨多羅三
藐三菩提王言大善須我少自撿校委付國
位夫人太子過七日已當相給與尒時大王即
入宫中報諸夫人天下恩愛皆當別離人生
有死事成有敗物生於春秋冬自枯夫人太
子聞是語已辟如人噎既不能咽復不得吐
大王今者何因緣故說如是語王言有婆羅
門從遠方來欲乞我頭我已許之夫人太子

云何今日難捨能捨持用施人時五百大臣
語婆羅門言汝用是臭爛髑血頭爲婆羅門
言我自乞匃用問我爲大臣言卿入我國我應
問卿卿應荅我時婆羅門叵欲實荅心懷恐
怖懼畏大臣斷其命根
尒時五百大臣語婆羅門汝莫恐怖我等今者
施汝无畏以大王故負婆羅門何用是髑血
頭爲我等五百人人作一七寶頭共相貨易
并與所須令汝七世无所乏少婆羅門言吾不
用也時諸大臣不果所願心生苦惱舉聲悲
哭白大王言大王今者何忍便欲捨此國土
人民夫人太子爲一婆羅門永棄孤背王言
今爲汝等及一切衆生故捨身布施時第一
大臣聞王語已必欲捨身與婆羅門卿自思

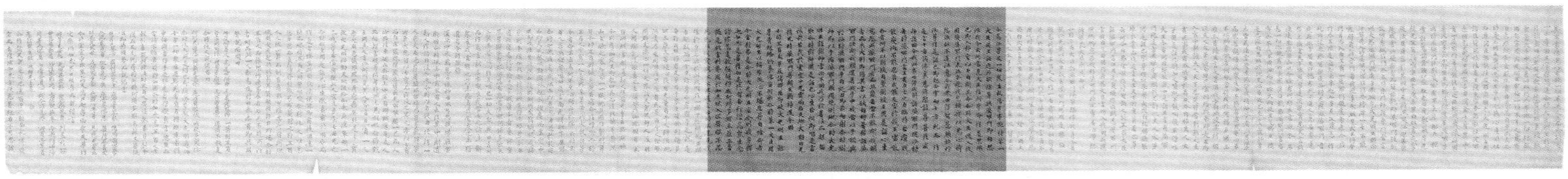

令為汝等及一切衆生故捨身布施時第一
大臣聞王語定必欲捨身與婆羅門即自思
惟我今云何當見大王捨此身命作是思惟
已即入靜室以刀自斷其命尒時大王便入後
園喚婆羅門來汝今從我乞頭我以慈心憐
愍汝故不逆汝意令我來世得智慧頭施於
汝等作是語已即起合掌向十方礼而作
是言十方諸佛哀慈憐愍諸尊菩薩威
神護助令我此事必得成辦語婆羅門隨汝持
去時婆羅門言王有力士之力臨時苦痛脫
能變悔不能忍苦或能反害於我王審能
尒者何不以頭髮自繫樹枝王聞是語心生
慈愍此婆羅門老而且羸若當不能斷我頭

於汝時婆羅門手自捉刀即前向樹尒時樹
神即以手指婆羅門頭悶絶倒地尒時大光
明王語樹神言汝不助我乃於善法而起留
難尒時樹神聞是語已心生苦惱即唱是言
怪哉苦哉於虛空中无雲雨血天地大動日无
精光時婆羅門尋斷王頭持還本國
尒時五百太子及諸群臣即收大光明王餘
身骨起塔供養佛告阿難尒時第一大臣聞
大光明王以頭布施心不堪忍尋自捨命者
今舍利弗是尒時大光明王者今則我身釋
迦如來是菩薩如是修習苦行擔爲衆生念
諸佛恩是故超越得成阿耨多羅三藐三菩
提是故舍利弗聞於如來欲入涅槃眼不忍

提是故舍利弗聞於如來欲入涅槃眼不忍
見先取滅度與本不異過去世時不忍見我
捨於身命我於此後園在一樹下捨轉輪王頭
布施數滿一千況餘身分身體手足說是
昔行因緣時有无量百千衆生皆發阿耨多
羅三藐三菩提心復有无量百千人得須陁
洹道乃至阿羅漢果復有无量百千人發聲
聞辟支佛心一切大衆諸天龍鬼神人及非
人聞佛說法歡喜而去復次摩伽陁國有五
百群賊常斷道劫人枉濫无辜王路斷絶
尒時摩伽陁王即勑四兵而往収捕送著深
山玄嶮之處即取一一賊挑其兩目劓刵鼻
耳尒時五百群賊身體皆痛命在呼噏尒時

百人尋共發聲唱如是言南无釋迦牟尼佛
尒時如来在耆闍崛山以慈悲力遊於乾陁
山即大風起吹動樹林起旃檀塵滿虛空中
風即吹往至彼深山諸群賊所至諸賊眼及諸
身創平復如故尒時諸賊還得兩眼身創平
復血變爲乳俱發是言我等今者蒙佛重
恩身體安樂報佛恩者應當速發阿耨多羅三
三藐三菩提心作是唱已一切大衆異口音同
而作是言諸未安衆生我當安之諸未解
衆生我當解之諸未度者我當度之未得
道者令得涅槃
復次如来慈悲方便神力不可思議佛在舍
衛國尒時崛山中有五百人止住其中斷道

衛國尒時崛山中有五百人止住其中斷道
劫人作諸非法如来尒時以方便力化作一
人乘大名象身著鎧器帶持弓箭手執鉾槊
所乘大象皆以七寶而莊校之其人亦以七寶
而自莊嚴珠瓔嚴具皆出光明單獨一已而入
嶮路往至崛山尒時山中五百群賊遥見是人
而相謂言我等積年作賊未見此也尒時賊
主問其人言汝何所見其人荅言見有一人
乘大名象披服瓔珞并象乘具純是七寶
放大光明焰動天地隨路而来兼復單獨一
己我等若當擒獲此人資生衣食七世无乏
尒時賊主聞是語已心生歡喜密共唱令而
作是言慎莫斫射徐徐捉取即前後圍遶一

人人被一箭而創苦痛難可堪忍即皆躃地
婉轉大哭趣共拔箭其箭堅固非力所堪尒時
五百人即懷怨怖我等今者必死不疑所以
者何而此一人難爲抗對由來未有即共同
聲說偈問曰
卿是何等人　爲是呪術力　爲是龍鬼神　一箭射五百
苦痛難可陳　我等身歸命　爲我出毒箭　隨順不敢違
尒時化人說偈荅曰
斫創无過愚　射箭无過怨　是壯莫能拔　唯從多聞除
尒時化人說是偈已即復佛身放大光明遍焰
十方一切衆生遇斯光者盲者得視度者得
申拘躃者得手是邪迷者得覩真言惣要而
言諸不稱意皆得如願尒時如來爲五百人宗

[illegible]

言諸不稱意皆得如願尒時如來為五百人宗
教利喜說種種法時五百人聞法歡喜身創平
復血反為乳尋時即發向耨多羅三藐三菩提
心即共同聲而說偈言
我等已發心　廣利諸衆生　應當常恭敬　隨順諸佛學
念佛慈悲力　拔苦身心安　應當念佛恩　菩薩及善友
師長及父母　及諸衆生類　慈親心平等　恩德无有二
尒時虛空中欲界諸天憍尸迦等雨衆天華作
伎樂供如來異口同音而說偈言
我等先世福　光明甚嚴飾　衆妙供養具　利益於一切
世尊甚難遇　妙法亦難聞　宿殖衆德本　今遇釋中神
我等念佛恩　亦當發道心　我今得見佛　所有三業善
為諸衆生故　迴向无上道
尒時諸天說是偈已[illegible]百千[illegible]頭面礼佛[illegible]

BD00793　羯磨法鈔（擬）

BD00793v　羯磨法鈔（擬）

133cm × 27cm

次安　大德今日衆僧自恣我比丘某甲亦自恣若有見聞疑罪
願大德長老哀愍故語我我若見罪當如法懺悔
授戒請師羯磨法　大德一心念我某甲今請大德爲和上願
大德爲我作和上我依大德故得受具足戒慈愍故　三請　可爾故
授汝清淨竟放遣　二受者所　三令人問緣　大德憐愍我
某甲從和上某甲求受具足戒若僧時到僧忍聽某甲爲教授師白
如是　四出衆法　此是安多會此是鬱多羅僧此是僧伽梨此是
鉢多羅此衣鉢是汝有不　應語言善男子諦聽今是至誠時實
語時我今當問汝汝隨我問應荅不實者當言不實若實言實
汝不犯邊罪耶　汝不污比丘尼不　汝非賊住耶　汝非破內外道耶　汝非
黃門耶　汝非殺父耶汝非殺母耶　汝非殺阿羅漢耶　汝非破僧耶
汝非惡心出佛身血耶　汝非是非人耶　汝非畜生耶　汝非二形耶
汝今字誰和上字誰年歲滿不　衣鉢具足不　父母聽汝不汝非負人

……亦當如是

問如汝向者答我僧中亦當如是答　五白召入衆法

大德僧聽彼某甲從和上某甲求受具足戒若僧時到僧忍聽

我某甲問竟聽將來白如是　六明乞戒法　大德僧聽我

某甲從和上某甲求受具足戒我某甲今從衆僧乞受具足戒

某甲爲和上願僧慈愍故拔濟我　三乞已教師復座　七戒師問法應作白言　大德僧聽

此某甲從和上某甲求受具足戒此某甲今從衆僧乞受具足戒

某甲爲和上若僧時到僧忍聽我問諸難事白如是　八正問法

善男子聽今是至誠時實語時今隨所問汝當隨實答　汝不犯邊罪耶

汝不犯比丘尼耶汝非賊心受戒耶汝非内外道耶汝非黄門耶汝非

煞父耶汝非煞母耶汝非煞阿羅漢耶汝非破僧耶汝非惡心出佛

身血耶汝非非人耶汝非畜生耶汝非二形耶　答隨答言无者　汝字何等和

上字誰年滿廿未衣鉢具足不父母聽汝不汝不負債人不汝非奴不汝非

官人不汝丈夫不丈夫有如病癩癰疽白癩乾痟癲狂病汝今有如

是病无耶　二正授戒體法　大德僧聽此某甲從和上某甲求受具足戒

此某甲今從衆僧乞受具足戒某甲爲和上某甲自説清淨无諸難事

年滿廿三衣鉢具若僧時到僧忍聽受某甲具足戒某甲爲和上

BD00793　羯磨法鈔（擬）

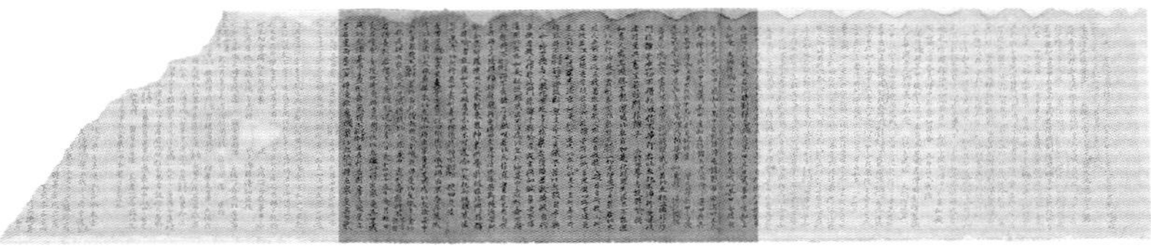

山某甲今從衆乞受具足戒某甲爲和上某甲自說清淨无諸難事
年滿廿三衣鉢具若僧時到僧忍聽受某甲具足戒某甲爲和上
白如是　大德僧聽此某甲從和上某甲求受具足戒此某甲今從衆
僧乞受具足戒某甲爲和上某甲自說清淨无諸難事年滿廿三衣
鉢具僧今授某甲具足戒某甲爲和上誰諸長老忍僧與某甲授具
足戒某甲爲和上者默然誰不忍說是初羯磨　僧已忍與某甲授
具足戒竟某甲爲和上僧忍默然故是事如是持　次說隨相
善男子聽如來至真等正覺說四波羅夷法若比丘犯一法非沙
門非釋子汝一切不得犯婬作不淨行若比丘犯不淨行受婬欲
法乃至共畜生非沙門非釋子　尒時世尊与說譬喻猶
如有人截其頭終不能還活比丘亦如是犯波羅夷法已不能還
成比丘汝是中盡形壽不作能持不答言能持一切不得盜下至草葉若比丘
盜人五錢若過五錢若取若教人取若自破教人破若自斫教人斫
若燒若埋若壞色者彼非沙門非釋子譬如斷多羅樹心終不復更
生長比丘犯波羅夷法亦如是終不還成比丘汝行如是中盡形壽不得
作能持不答言一切不得故斷……

方便若教人作非沙門非釋子辟喻者說言猶如鍼鼻決不堪
復用比丘亦如是犯波羅夷法不復成比丘行法是中盡形壽不得
作能持不（答言能持）一切不妄語乃至戲唉若比丘非真實非已有自說
言我得上人法得禪得解脫得定得四空定得須陀洹果斯陀洹果阿
那含果阿羅漢果天來龍來鬼神來供養我彼非沙門非釋
子辟喻者說猶如大石破為二分終不可還合比丘犯此波羅夷法
不可還成比丘行是中盡形壽不得作能持不（答言能持）授四衣法
善男子聽如來至真等正覺說四依法比丘依此得出家受具足戒
成比丘法比丘依糞掃衣比丘依此得出家受具足戒成比丘法是中
盡形壽能持不（答言能持）若得長利檀越施衣割壞衣得受比丘依乞食比
丘依是得出家受具足戒得成比丘法是中盡形壽能持不（答言能持）
若得長利若僧差食檀越送食月八日食十四日十五日食月初日
食若僧常食檀越請食得受依樹下坐比丘依此得出家受具足戒
成比丘法是中盡形壽能持不（答言能持）若長利若別房尖頭屋小
房石室兩房一戶得受依腐爛藥比丘依此得出家受具足戒

戒比丘法是中盡形壽能持不能持 若長利若别房尖頭屋小
房石室兩房一户得受依腐爛藥比丘依此得出家受具足戒
戒比丘法是中盡形壽能持不能持（答言能持） 若得長利蘇油生蘇蜜石蜜
得受汝已受戒已白四羯磨如法成就得處所和上如法阿闍梨如法衆
僧具足滿汝當善受教法應當勸化作福治塔供養衆僧和上阿闍梨
若一切如法教不得違逆應學問誦經勤求方便於佛法中得須陀洹果
斯陀含果阿那含果阿羅漢果汝 心出家功不唐捐果報不絶餘
所未知當問和上阿闍梨 法 大德一心念我某甲今
求大德為依止願大德與我依 依大德故得如法住
可尒與汝依止汝莫放逸 對首安居法 大德一心念我比丘某甲
依某伽藍（某聚落） 前三月夏安居房舍破修治故 法莫放逸 受持
者（者言） 依某律師（言）告 有疑當往問 羯磨受日法 大德僧
僧忌聽比丘某甲受過七日法（十五日 一月日） 出界外為某事故還
白如是 大德僧聽比丘某甲受過七日法（十五日 月日） 出界外為
此中安居誰諸長老忍僧忌聽比丘某甲受過七日法（十五日）

聽此界外於某事故衆來此山中安居

如是持　對首受日法　長老一心念我比丘

為某事故衆來此中安居白長老知

□鍾僧集凡大衆和合淨水香

大德僧聽衆中誰小小者守護説三

□衆中小者已守護外有

□行籌廣作布薩

下坐各各安心

行沙彌籌

人各於

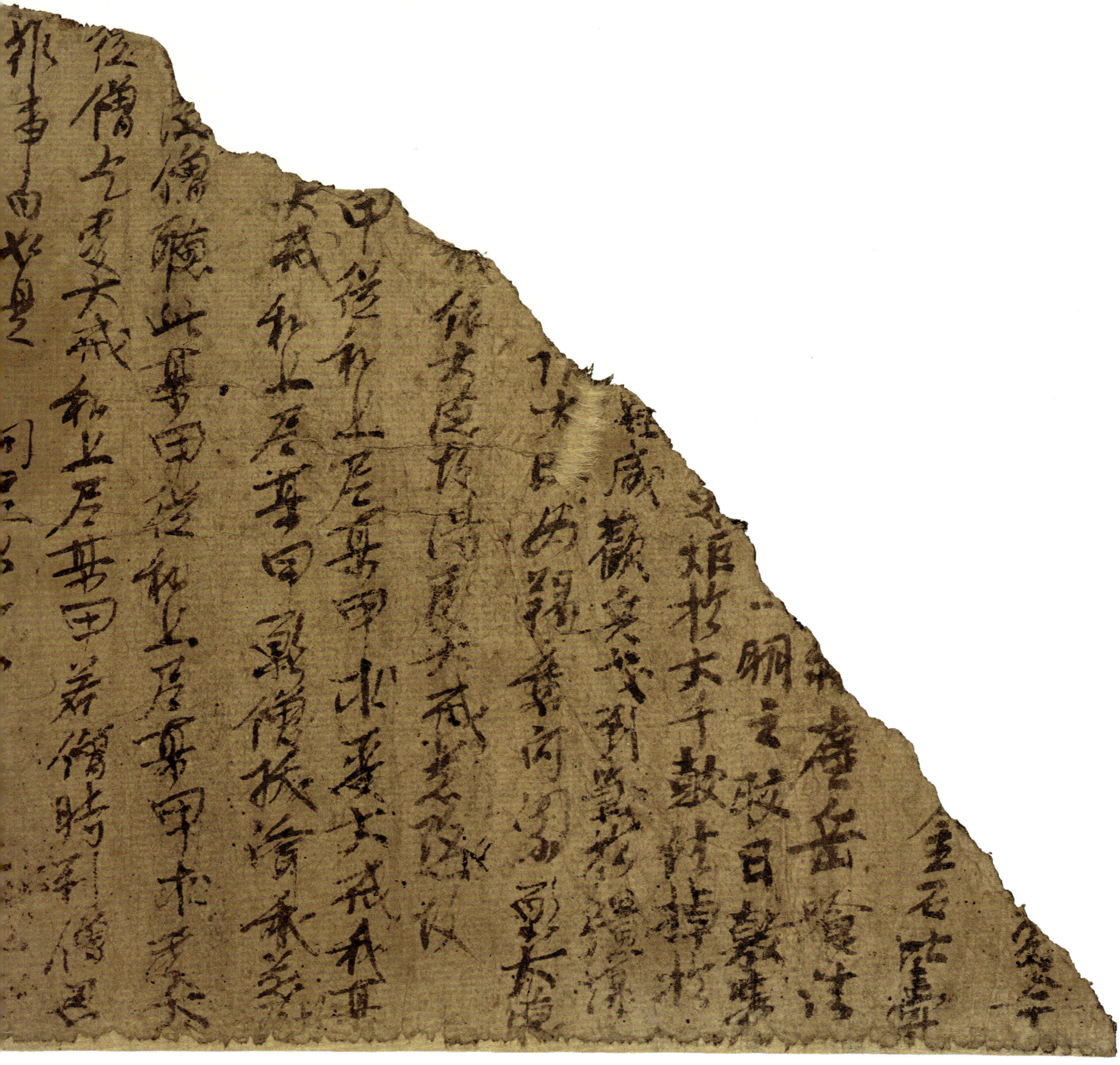

（3-1）

犯邊罪耶　汝不犯比丘尼耶　汝非賊心入道耶　汝非
壞二道耶　汝非黃門耶　汝非殺父耶　汝非殺母耶　汝非
殺阿羅漢耶　汝非破僧耶　汝非惡心出佛身血　汝非
人　汝非畜生耶　汝非二根　汝字何等　和上字誰
年歲滿未　衣鉢具足不　父母夫主聽汝不　汝不負人
債不　汝非婢不　汝是女不　女人有如是諸病　癩
疽　白癩　疥瘡　癲狂　二根　二道合道　大小便涕
唾常出　汝無如是諸病不　汝學戒未　已學戒
清淨不　清淨　某甲學戒未來　清淨　清淨
作白言
大德僧聽　此某甲從和上尼某甲受大戒　此某甲今從僧乞
受大戒　和上尼某甲　某甲　某甲自說清淨無遮難　年歲
滿　衣鉢具足　已學戒　清淨　若僧時到　僧忍聽

滿衣鉢具足已學戒清淨善修時利節忍德
和今爲某甲受大戒和上尼某甲白如是
大德僧聽此某甲從和上尼某甲求受大戒此某甲今
僧今已受大戒和上尼某甲所説清淨无諸難事
年歲已滿衣鉢具足已學戒清淨僧今爲某甲受
戒和上尼某甲誰諸長老忍僧爲某甲受大戒
和上尼某甲者嘿然誰不忍者説是初羯磨三説同前竟
僧已忍爲某甲受大戒竟和上尼某甲僧忍黙然故
是事如是持

BD00793v　羯磨法鈔（擬）

善男子汝遮難並无衆僧同慶當与汝戒但除上善
某僧言大衆慈悲布施其戒同心共衆勸勿異緣
文云（僧聽作羯磨）大德僧聽此某甲從和上某甲求受具足戒此
某甲今從衆僧乞受具足戒某甲為和上某甲自說
清淨無諸難事年滿二十三衣鉢具若僧時聽（僧忍）
受某甲具足戒某甲為和上自如是單白羯磨成不
文白僧言當聽羯磨　大德僧聽此某甲從和上某甲求
受具足戒此某甲今從僧乞受具足戒某甲為和上

BD00793v　羯磨法鈔（擬）

BD00794

大般若波羅蜜多經卷四四〇

（唐）玄奘 譯

218.1cm × 29.3cm

説此甚深般[illegible]廣
樂亦能安立無量無上勝善法令趣無上
正等菩提舍利子是善男子善女人等令於
我前發弘誓願我當安立無量百千諸有
類令發無上正等覺心脩諸菩薩摩訶薩行
亦現勸導讚勵慶喜令於無上正等菩提乃
至得受不退轉記安住菩薩不退轉地舍利
子我於彼願深生隨喜何以故舍利子我觀
願心語相應彼善男子善女人等於當來世
如是住菩薩乘諸善男子善女人等所發弘
定能安立無量百千諸有情類令發無上正
等覺心脩諸菩薩摩訶薩行亦現勸導讚
慶喜令於無上正等菩提乃至得受不退轉
記安住菩薩不退轉地舍利子是善男子善
[illegible]人等於[illegible]無量佛前發弘誓願我當

心脩諸菩薩摩訶薩行亦現勸導讚勵慶
喜心脩諸菩薩摩訶薩行亦現勸導讚勵
慶喜令於無上正等菩提乃至得受不退轉記
安住菩薩不退轉地舍利子過去諸佛亦於彼
願深生隨喜何以故舍利子過去諸佛亦願
如是住菩薩乘諸善男子善女人等所發弘
願心語相應彼善男子善女人等於當來世
定能安立無量百千諸有情類令發無上正
等覺心脩諸菩薩摩訶薩行亦現勸導
讚勵慶喜令於無上正等菩提乃至得受不
退轉記安住菩薩不退轉地舍利子是善男子
記安住菩薩不退轉地舍利子是善男子善
女人等信解廣大能依妙色聲香味觸廣
大施脩此施已復能種植廣大善根由此善根

大施脩此施已復能種植廣大善根田此善根
復能攝受廣大果報攝受如是廣大果報
專為利樂一切有情於諸有情能捨一切内外
所有彼迴如是所種善根願生他方諸佛國
土現有如来應正等覺宣說如是甚深般若
波羅蜜多無上法處彼聞如是甚深般若波
羅蜜多無上法已復能安立彼佛土中無量
百千諸有情類令發無上正等覺心脩諸菩
薩摩訶薩行亦現勸導讃勵慶喜令於無
上正等菩提得不退轉由斯圓滿所發大願速
證無上正等菩提時舍利子復白佛言甚奇
如来應正等覺能於過去未来現在所有諸
法無不證知於一切法真如法界法性實際
虛空界等無不證知於諸法教種種差別無
不證知於諸有情心行差別無不證知於諸有

…諸菩薩摩訶薩…知於過去世
切如來應正等覺無不證知於過去世諸佛
弟子及諸佛土無不證知於未來世諸菩薩
摩訶薩無不證知於未來世一切如來應正
等覺無不證知於未來世諸佛弟子及諸佛
土無不證知於現在世諸菩薩摩訶薩住十
方界脩行差別無不證知於現在世安住十
方無量無數無邊世界一切如來應正等覺
安隱住持現說法者無不證知於現在世諸
佛弟子及諸佛土無不證知世尊若菩薩摩
訶薩於六波羅蜜多勇猛精進常求不息
於此六波羅蜜多為有得時不得時不佛言
舍利子彼善男子善女人等常於六波羅
蜜多勇猛精進欲求不息一切時得無不得
時何以故舍利子彼善男子善女人等常於

時何以故舍利子彼善男子善女人等常於
此六波羅蜜多勇猛精進求不息諸佛菩
薩常護念故舍利子言世尊彼善男子善
人等若不得六波羅蜜多相應經時如何可
説□人得此六波羅蜜多佛言舍利子彼善男
子善女人等常於此六波羅蜜多勇猛信求
不顧身命有時不得此相應經無有是處何
以故舍利子彼善男子善女人等為求無上
正等菩提示現勸導讚勵慶喜諸有情類
於此六波羅蜜多相應經典受持讀誦思惟
脩學由此善根隨所處常得此六波羅蜜
多□應契經受持讀誦勇猛精進如教脩行
成熟有情嚴淨佛土未證無上正等菩提於
其中間未曾暫廢

無上正等菩提勇猛脩行布施淨戒安忍精
進靜慮般若波羅蜜多成熟有情嚴淨佛土
諸善男子善女人等所成功德世尊是善男
子善女人等發趣無上正等菩提脩諸行時
云何應知留難魔事佛言善現若菩薩摩訶
薩[illegible]為有情宣說法要應時言辯不速現前
當知是為菩薩魔事具壽善現白言世尊何
緣菩薩摩訶薩樂為有情宣說法要應時言
辯[illegible]現前說為魔事佛言善現諸菩薩摩
訶薩脩行般若波羅蜜多時由是因緣所脩
般若波羅蜜多乃至布施波羅蜜多難得圓
滿故說菩薩摩訶薩樂為有情宣說法要
時言辯不速現前以為魔事復次善現若菩
薩摩訶薩樂脩勝行辯乃卒生當知是為

薩摩訶薩樂脩勝行辯乃卒生當知是為
薩魔事具壽善現白言世尊何緣菩薩摩訶
薩[illegible]行辯乃卒生說為魔事佛言善現
諸菩薩摩訶薩脩行布施波羅蜜多乃至般
若波羅蜜多無方便善巧故辯乃卒生廢脩
彼[illegible]菩薩摩訶薩樂脩勝行辯乃卒生
以為魔事復次善現住菩薩乘諸善男子善
女人等書寫般若波羅蜜多甚深經時頻申
欠[illegible]端戲咲乎相輕淩身心躁擾文句倒
錯迷惑義理不得滋味橫事數起書寫不終
當知是為菩薩魔事復次善現住菩薩乘
諸善男[illegible]善女人等受持讀誦思惟脩習說聽
般若波羅蜜多甚深經時頻申欠呿無端戲
咲乎相輕淩身心躁擾文句倒錯迷惑義理

有菩薩棄諸善男子善女人等聞說般若波
羅蜜多甚深經時忽作是念我於此經不得
滋味　若聽此經為作是念已即便捨
去受持讀誦思惟脩習書寫解說亦復如是
佛告善現是善男子善女人等於過去世未
若靜慮精進安忍淨戒布施波
蜜多是故於此甚深般若波羅蜜多聽受等
時不得滋味情不忍可即便捨去復次善現
諸善男子善女人等聞說般若波
羅蜜多甚深經時若作是念我於無上正等
菩提不得受記何用聽受如是經為彼由此
得不得滋味便從坐起猒捨而去
當知是為菩薩魔事時具壽善現白佛言世
何因緣故於此般若波羅蜜多甚深經中

有目赤文於此般若波羅蜜多甚深經中
言男子善女人等無上正等大
菩提記今其不忍歡捨而去佛言善現菩薩
未入正性離生不應授彼大菩提記若授彼
有損無益故不為記復次善現
住菩薩乘諸善男子善女人等聞說般若波
…時若作是念此中不說我等
心不清淨不得滋味便從坐
起歡捨而去當知是為菩薩魔事時具壽
…世尊何因緣故於此般若波羅蜜
不記說彼菩薩名字佛言…現
菩薩未受大菩提記法爾不應記說名字復
…男子善女人等聞說
…約時若作是念此

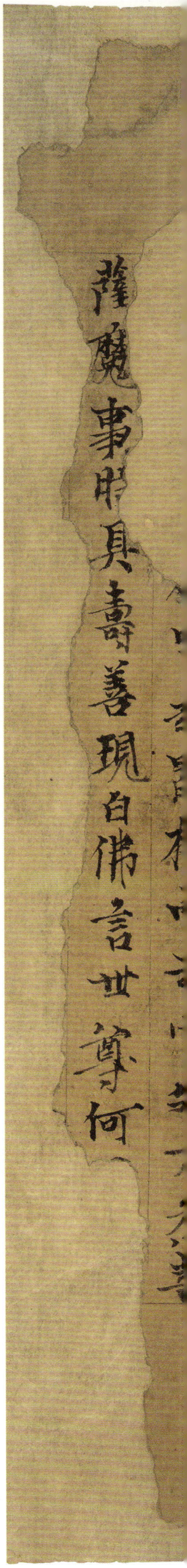
薩魔事時具壽善現白佛言世尊何

BD00795 大般若波羅蜜多經卷三五五

（唐）玄奘 譯

598.1cm×25.9cm

經卷三百五十五
六十一之五
三藏法師玄奘奉詔譯
善現菩薩摩訶薩行深般若波羅蜜多時不
觀布施波羅蜜多若常若無常若樂若苦若
我若无我若淨若不淨若寂靜若不寂靜若
遠離若不遠離亦不觀淨戒安忍精進靜慮
般若波羅蜜多若常若无常若樂若苦若我
若無我若淨若不淨若寂靜若不寂靜若遠
離若不遠離善現菩薩摩訶薩行深般若波
羅蜜多時不觀內空若常若無常若樂若苦
若我若無我若淨若不淨若寂靜若不寂靜
若遠離若不遠離亦不觀外空內外空空空
大空勝義空有為空无為空畢竟空无際空

入空勝義空有為空无為空畢竟空无際空
散空无變異空本性空自相空共相空一切
法空不可得空无性空自性空无性自性空若
常若无常若樂若苦若我若无我若淨若
不淨若寂靜若不寂靜若遠離若不遠離善
現菩薩摩訶薩行深般若波羅蜜多時不觀
真如若常若无常若樂若苦若我若无我若
淨若不淨若寂靜若不寂靜若遠離若不遠
離亦不觀法界法性不虛妄性不變異性平
等性離生性法定法住實際虛空界不思議
思若常若无常若樂若苦若我若無我若淨
若不淨若寂靜若不寂靜若遠離若不遠離
善現菩薩摩訶薩行深般若波羅蜜多時不
觀苦聖諦若常若無常若樂若苦若我若无

觀苦聖諦若常若無常若樂若苦若我若无
我若淨若不淨若寂靜若不寂靜若遠離若
不遠離亦不觀集滅道聖諦若常若无常
若樂若苦若我若无我若淨若不淨若寂靜若
不寂靜若遠離若不遠離善現菩薩摩訶薩
行深般若波羅蜜多時不觀四靜慮若常若
無常若樂若苦若我若無我若淨若不淨若
寂靜若不寂靜若遠離若不遠離亦不觀四
無量四無色定若常若無常若樂若苦若我
若無我若淨若不淨若寂靜若不寂靜若遠
離若不遠離善現菩薩摩訶薩行深般若波
羅蜜多時不觀八解脫若常若無常若樂若
苦若我若無我若淨若不淨若寂靜若不寂
靜若遠離若不遠離亦不觀八勝處九次第

靜若遠離若不遠離亦不觀八勝處九次第
定十遍處若常若無常若樂若苦若我若無
我若淨若不淨若寂靜若不寂靜若遠離若
不遠離善現菩薩摩訶薩行深般若波羅蜜
多時不觀四念住若常若無常若樂若苦若
我若無我若淨若不淨若寂靜若不寂靜若
遠離若不遠離亦不觀四正斷四神足五根
五力七等覺支八聖道支若常若無常若樂
若苦若我若無我若淨若不淨若寂靜若不
寂靜若遠離若不遠離善現菩薩摩訶薩行
深般若波羅蜜多時不觀空解脫門若常若
無常若樂若苦若我若無我若淨若不淨若
寂靜若不寂靜若遠離若不遠離亦不觀無
相無願解脫門若常若無常若樂若苦若我
若無我若淨若不淨若寂靜若不寂靜若遠

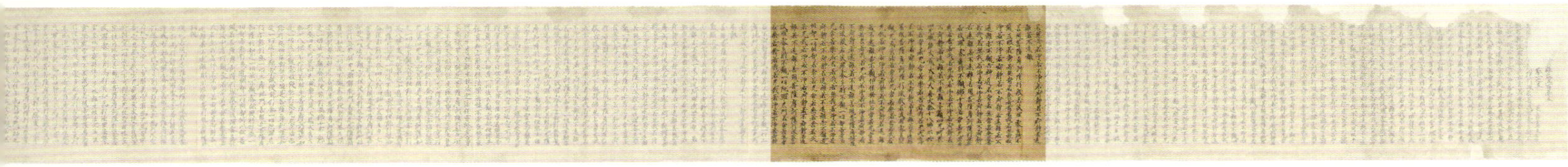

若無我若淨若不淨若寂靜若不寂靜若遠
離若不遠離
善現菩薩摩訶薩行般若波羅蜜多時不
觀五眼若常若無常若樂若苦若我若無我若
淨若不淨若寂靜若不寂靜若遠離若不
遠離亦不觀六神通若常若無常若樂若苦
若我若無我若淨若不淨若寂靜若不寂靜
若遠離若不遠離善現菩薩摩訶薩行深般
若波羅蜜多時不觀佛十力若常若无常若
樂若苦若我若無我若淨若不淨若寂靜若
不寂靜若遠離若不遠離亦不觀四无所畏
四无礙解大慈大悲大喜大捨十八佛不共
法若常若无常若樂若苦若我若无我若淨
若不淨若寂靜若不寂靜若遠離若不遠離

若不淨若寂靜若不寂靜若遠離若不遠離
善現菩薩摩訶薩行深般若波羅蜜多時不
觀无忘失法若常若无常若樂若苦若我若
无我若淨若不淨若寂靜若不寂靜若遠離
若不遠離亦不觀恒住捨性若常若无常若
樂若苦若我若无我若淨若不淨若寂靜若
不寂靜若遠離若不遠離善現菩薩摩訶薩
行深般若波羅蜜多時不觀一切智若常若
无常若樂若苦若我若無我若淨若不淨若
寂靜若不寂靜若遠離若不遠離亦不觀道
相智一切相智若常若无常若樂若苦若我
若无我若淨若不淨若寂靜若不寂靜若遠
離若不遠離善現菩薩摩訶薩行深般若
波羅蜜多時不觀一切陁羅尼門若常若無常
若樂若苦若我若无我若淨若不淨若寂靜

若樂若苦若我若无我若淨若不淨若寂靜
若不寂靜若遠離若不遠離亦不觀一切三
摩地門若常若无常若樂若苦若我若无我
若淨若不淨若寂靜若不寂靜若遠離若不
遠離
善現菩薩摩訶薩行深般若波羅蜜多時不
觀預流果若常若无常若樂若苦若我若無我
若淨若不淨若寂靜若不寂靜若遠離若不
遠離亦不觀一來不還阿羅漢果若常　若
無常若樂若苦若我若無我若淨若不淨若
寂靜若不寂靜若遠離若不遠離善現菩薩
摩訶薩行深般若波羅蜜多時不觀獨覺菩
提若常若無常若樂若苦若我若無我若淨
若不淨若寂靜若不寂靜若遠離若不遠離

若不淨若寂靜若不寂靜若遠離若不遠離
善現菩薩摩訶薩行深般若波羅蜜多時不
觀一切菩薩摩訶薩行若常若无常若樂若
苦若我若无我若淨若不淨若寂靜若不寂
靜若遠離若不遠離善現菩薩摩訶薩行深
般若波羅蜜多時不觀諸佛無上正等菩提
若常若無常若樂若苦若我若无我若淨若
不淨若寂靜若不寂靜若遠離若不遠離
善現是菩薩摩訶薩於如是一切法不觀察
故便能引發般若波羅蜜多亦能引發靜慮
精進安忍淨戒布施波羅蜜多善現是菩薩
摩訶薩於如是一切法不觀察故便能安住
內空亦能安住外空內外空空空大空勝義
空有為空無為空畢竟空无際空散空无變
異空本性空自相空共相空一切法空不可

異空本性空自相空共相空一切法空不可
得空無性空自性空无性自性空善現是菩
薩摩訶薩於如是一切法不觀察故便能安
住真如亦能安住法界法性不虛妄性不變
異性平等性離生性法定法住實際虛空界
不思議界善現是菩薩摩訶薩於如是一切
法不觀察故便能安住苦聖諦亦能安住集
滅道聖諦善現是菩薩摩訶薩於如是一切
法不觀察故便能引發四靜慮亦能引發
无量四无色定善現是菩薩摩訶薩於如
是一切法不觀察故便能引發解脫亦能引
發八勝處九次第定十遍處善現是菩薩摩
訶薩於如是一切法不觀察故便能引發四
念住亦能引發四正斷四神足五根五力七

念住亦能引發四正斷四神足五根五力七
等覺支八聖道支善現是菩薩摩訶薩於
如是一切法不觀察故便能引發空解脫門亦
能引發无相无願解脫門善現是菩薩摩訶
薩於如是一切法不觀察故便能引發五眼
亦能引發六神通善現是菩薩摩訶薩於如
是一切法不觀察故便能引發佛十力亦能
引發四无所畏四无礙解大慈大悲大喜大
捨十八佛不共法善現是菩薩摩訶薩於如
是一切法不觀察故便能引發无忘失法亦
能引發恒住捨性善現是菩薩摩訶薩於如
是一切法不觀察故便能引發一切陁羅尼
門亦能引發一切三摩地門善現是菩薩摩
訶薩於如是一切法不觀察故便能引發一
切智亦能引發道相智一切相智何以故善

切智亦能引發道相智一切相智何以故善
現若菩薩摩訶薩行深般若波羅蜜多時於
諸法中有所觀察若常若无常若樂若苦若
我若無我若淨若不淨若寂靜若不寂靜若
遠離若不遠離則不能隨意引發安住殊勝
功德
復次善現若菩薩摩訶薩行深般若波羅蜜
多則為行靜慮波羅蜜多亦為行精進安忍
淨戒布施波羅蜜多善現若菩薩摩訶薩
行深般若波羅蜜多則為行內空亦為行外空
內外空空空大空勝義空有為空无為空畢
竟空無際空散空无變異空本性空自相空
共相空一切法空不可得空无性空自性空
無性自性空善現若菩薩摩訶薩行深般若

無性自性空善現若菩薩摩訶薩行深般若
波羅蜜多則為行真如為行法界法性不
虛妄性不變異性平等性離生性法定法住
實際虛空界不思議界善現若菩薩摩訶薩
行深般若波羅蜜多則為行苦聖諦亦為行
集滅道聖諦善現若菩薩摩訶薩行深般若
波羅蜜多則為行四靜慮亦為行四无量四
無色定善現若菩薩摩訶薩行深般若波羅
蜜多則為行八解脫亦為行八勝處九次第
定十遍處善現若菩薩摩訶薩行深般若波
羅蜜多則為行四念住亦為行四正斷四神足
五根五力七等覺支八聖道支善現若菩
薩摩訶薩行深般若波羅蜜多則為行空解
脫門亦為行无相無願解脫門善現若菩薩
摩訶薩行深般若波羅蜜多則為行五眼亦

摩訶薩行深般若波羅蜜多用爲行五眼亦
爲行六神通善現若菩薩摩訶薩行深般若
波羅蜜多則爲行佛十力亦爲行四无所畏
四无礙解大慈大悲大喜大捨十八佛不共
法善現若菩薩摩訶薩行深般若波羅蜜
多則爲行無忘失法亦爲行恒住捨性善現
若菩薩摩訶薩行深若波羅蜜多則爲行一
切陁羅尼門亦爲行一切三摩地門善現若
菩薩摩訶薩行深般若波羅蜜多則爲行
一切智亦爲行道相智一切相智
復次善現甚深般若波羅蜜多隨所行處所
有一切波羅蜜多及餘一切菩提分法皆悉
隨從甚深般若波羅蜜多隨所至處所有一
切波羅蜜多及餘一切菩提分法皆悉隨至

切波羅蜜多及餘一切菩提分法皆悉隨至
善現如轉輪聖王有四支勇軍隨彼輪王所
行之處是四勇軍皆悉隨從隨彼輪王所至
之處是四勇軍皆悉隨至甚深般若波羅
蜜多亦如是隨有所行及有所至所有一切
波羅蜜多及餘一切菩提分法皆悉隨從究
竟至於一切智智善現如善御者駕四馬車
令避險路行於正道隨本意欲能往所至甚
深般若波羅蜜多亦復如是善御一切波羅
蜜多及餘一切菩提分法令避生死涅槃險
路行於自利利他正道至本所求一切智智
時具壽善現白佛言世尊菩薩摩訶薩云何
為道云何非道佛言善現諸異生道非諸菩
薩摩訶薩道諸聲聞道非諸菩薩摩訶薩
道諸獨覺道非諸菩薩摩訶薩道自利利他道

道諸獨覺道非諸菩薩摩訶薩道自利利他道
是諸菩薩摩訶薩道一切智智道是諸菩薩摩
訶薩道不住生死及涅槃道是諸菩薩摩
訶薩道善現是為菩薩摩訶薩道及非道
具壽善現復白佛言世尊甚深般若波羅蜜
多出現世間能為大事所謂示現諸菩薩摩
訶薩道非道相令諸菩薩摩訶薩知是道是非
道速能證得一切智智佛言善現如是如是
如汝所說甚深般若波羅蜜多出現世間能
為大事所謂示現諸菩薩摩訶薩道非道相
令諸菩薩摩訶薩知是道是非道速能證得
一切智智復次善現甚深般若波羅蜜多出
現世間能為大事所謂度脫無量無數無邊
有情皆令獲得利益安樂

有情[illegible]
善現甚深般若波羅蜜多雖作無邊利樂他
事而於此事無所取著善現甚深般若波羅
蜜多雖能示現色所作事而於此事无所取
著雖能示現受想行識所作事而於此事无
所取著善現甚深般若波羅蜜多雖能示現
眼處所作事而於此事无所取著雖能示現
耳鼻舌身意處所作事而於此事无所取著
善現甚深般若波羅蜜多雖能示現色處所
作事而於此事無所取著雖能示現聲香味
觸法處所作事而於此事無所取著善現甚
深般若波羅蜜多雖能示現眼界所作事而
於此事無所取著雖能示現耳鼻舌身意
界所作事而於此事無所取著善現甚深般若
波羅蜜多雖能示現色界所作事而於此事

波羅蜜多雖能示現色界所作事而於此事
無所取著雖能示現聲香味觸法處所作事
而於此事無所取著善現甚深般若波羅蜜
多雖能示現眼識界所作事而於此事无所
取著雖能示現耳鼻舌身意識界所作事而
於此事無所取著善現甚深般若波羅蜜多
雖能示現眼觸所作事而於此事無所取著
雖能示現耳鼻舌身意觸所作事而於此事
無所取著善現甚深般若波羅蜜多雖能示
現眼觸為緣所生諸受所作事而於此事无
所取著雖能示現耳鼻舌身意觸為緣所生
諸受所作事而於此事無所取著善現甚深
般若波羅蜜多雖能示現地界所作事而於
此事無所取著雖能示現水火風空識界所

此事無所取著雖能示現苦聖諦所
作事而於此事無所取善現甚深般若波
羅蜜多雖能示現無明所作事而於此事無
所取著雖能示現行識名色六處觸受愛取
有生老死愁歎苦憂惱所作事而於此事无
所取著
善現甚深般若波羅蜜多雖能示現布施波
羅蜜多所作事而於此事無所取著雖能示
現淨戒安忍精進靜慮般若波羅蜜多所作
事而於此事無所取著善現甚深般若波羅
蜜多雖能示現內空所作事而於此事無所
取著雖能示現外空內外空空空大空勝義
空有為空無為空畢竟空無際空散空無變
異空本性空自相空共相空一切法空不可
得空無性空自性空無性自性空所作事而

得空無性空自性空無性自性空所作事而
於此事無所取著善現甚深般若波羅蜜多
雖能示現真如所作事而於此事無所取著
雖能示現法界法性不虛妄性不變異性
平等性離生性法定法住實際虛空界不思
議界所作事而此事無所取著善現甚深般
若波羅蜜多雖能示現苦聖諦所作事而於
此事無所取著雖能示現集滅道聖諦所作
事而於此事無所取著善現甚深般若波羅
蜜多雖能示現四靜慮所作事而於此事無
所取著雖能示現四無量四無色定所作事
而於此事無所取著善現甚深般若波羅蜜
多雖能示現八解脫所作事而於此事無所
取著雖能示現八勝處九次第定十遍處所

取著雖能亦現八勝處九次第定十遍處所
作事而於此事無所取著善現甚深般若波
羅蜜多雖能亦現四念住所作事而於此事
無所取著雖能亦現四正斷四神足五根五
力七等覺支八聖道支所作事而於此事无
所取著善現甚深般若波羅蜜多雖能亦現
空解脫門所作事而於此事無所取著雖能
亦現無相無願解脫門所作事而於此事无
所取著善現甚深般若波羅蜜多雖能亦現
五眼所作事而於此事無所取著雖能亦現
六神通所作事而於此事無所取著善現甚
深般若波羅蜜多雖能亦現佛十力所作事
而於此事無所取著雖能亦現四無所畏四無
礙解大慈大悲大喜大捨十八佛不共法所作
事而於此事無所取著善現甚深般若

事而於此事無所取著善現甚深般若
波羅蜜多雖能示現無忘失法所作事而於
此事無所取著雖能示現恒住捨性所作事
而於此事無所取著善現甚深般若波羅蜜
多雖能示現一切智所作事而於此事無所
取著雖能示現道相智一切相智所作事而
於此事無所取著善現甚深般若波羅蜜多
雖能示現一切陁羅尼門所作事而於此事
無所取著雖能示現一切三摩地門所作事
而於此事無所取著善現甚深般若波羅蜜
多雖能示現預流果所作事而於此事無所
取著雖能示現一來不還阿羅漢果所作事
而於此事無所取著善現甚深般若波羅蜜
多雖能示現獨覺菩提所作事而於此事无

多雖能亦現獨覺菩提所住事而於此事無
所取著善現甚深般若波羅蜜多雖能亦現
一切菩薩摩訶薩行所住事而於此事無所
取著善現甚深般若波羅蜜多雖能亦現諸
佛無上正等菩提所住事而於此事無所取
著善現甚深般若波羅蜜多引導菩薩摩訶
薩令趣無上正等菩提於其中間定不退轉
善現甚深般若波羅蜜多雖令菩薩摩訶薩
遠離聲聞獨覺等地親近無上正等菩提而
於諸法無起無滅以法住性為定量故
尒時具壽善現白佛言世尊若甚深般若波
羅蜜多於一切法無起無滅云何菩薩摩訶
薩行深般若波羅蜜多時應脩布施波羅蜜
多云何菩薩摩訶薩行深般若波羅蜜多時
應脩淨戒波羅蜜多云何菩薩摩訶薩行深

應脩淨戒波羅蜜多云何菩薩摩訶薩行深
般若波羅蜜多時應脩安忍波羅蜜多云何
菩薩摩訶薩行深般若波羅蜜多時應脩
精進波羅蜜多云何菩薩摩訶薩行深般若
波羅蜜多時應脩靜慮波羅蜜多云何菩薩摩
訶薩行深般若波羅蜜多時應脩般若波羅
蜜多佛言善現菩薩摩訶薩行深般若波羅
蜜多時應緣一切智智為諸有情而脩布施
波羅蜜多菩薩摩訶薩行深般若波羅蜜多
時應緣一切智智為諸有情而修淨戒波羅
蜜多菩薩摩訶薩行深般若波羅蜜多時
應緣一切智智為諸有情而修安忍波羅蜜多
菩薩摩訶薩行深般若波羅蜜多時應緣一
切智智為諸有情而脩精進波羅蜜多菩薩

切智智為諸有情而脩精進波羅蜜多菩薩
摩訶薩行深般若波羅蜜多時應緣一切智
智為諸有情而脩靜慮波羅蜜多菩薩摩
訶薩行深般若波羅蜜多時應緣一切智智為
諸有情而脩般若波羅蜜多善現是菩薩摩
訶薩持此善根與諸有情平等共有迴向无
上正等菩提於迴向時遠離三心謂誰迴向用
何迴向迴向何處善現是菩薩摩訶薩持
此善根如是迴向所求無上正等菩提則脩
六種波羅蜜多速得圓滿亦脩菩薩慈悲喜
捨速得圓滿由此疾得一切智智乃至安坐
妙菩提座常不遠離如是六種波羅蜜多善
現若菩薩摩訶薩不離六種波羅蜜多則不
遠離一切智智是故善現若菩薩摩訶薩欲
得速證所求无上正等菩提當勤精進脩學

得速證所求无上正等菩提當勤精進脩學
六種波羅蜜多當勤精進脩行六種波羅蜜
多善現若菩薩摩訶薩當勤精進脩學脩行
如是六種波羅蜜多一切善根速得圓滿疾
證無上正等菩提是故善現諸菩薩摩訶
薩摩與六種波羅蜜多常共相應勿相捨離
尒時具壽善現白佛言世尊云何菩薩摩訶
薩能與六種波羅蜜多常共相應不相捨離
佛言善現若菩薩摩訶薩如實觀色非相應
非不相應如實觀受想行識非相應非不相
應是菩薩摩訶薩能與六種波羅蜜多常
共相應不相捨離善現若菩薩摩訶薩如實觀
眼處非相應非不相應如實觀耳鼻舌身意
處非相應非不相應是菩薩摩訶薩能與六

處非相應非不相應是菩薩摩訶薩能與六
種波羅蜜多常共相應不相捨離善現若菩
薩摩訶薩如實觀色處非相應非不相應
如實觀聲香味觸法處非相應非不相應是菩
薩摩訶薩能與六種波羅蜜多常共相應不
相捨離善現若菩薩摩訶薩如實觀眼界非
相應非不相應如實觀耳鼻舌身意界非相
應非不相應是菩薩摩訶薩能與六種波羅
蜜多常共相應不相捨離善現若菩薩摩訶
薩如實觀色界非相應非不相應如實觀聲
香味觸法界非相應非不相應是菩薩摩訶
薩能與六種波羅蜜多常共相應不相捨離善
現若菩薩摩訶薩如實觀眼識界非相應非
不相應如實觀耳鼻舌身意識界非相應
非不相應是菩薩摩訶薩能與六種波羅蜜

非不相應是菩薩摩訶薩能與六種波羅蜜
多常共相應不相捨離善現若菩薩摩訶薩
如實觀眼觸非相應非不相應如實觀耳鼻
舌身意觸非相應非不相應是菩薩摩訶薩
能與六種波羅蜜多常共相應不相捨離善
現若菩薩摩訶薩如實觀眼觸爲緣所生諸
受非相應非不相應如實觀耳鼻舌身意觸
爲緣所生諸受非相應非不相應是菩薩摩
訶薩能與六種波羅蜜多常共相應不相捨
離善現若菩薩摩訶薩如實觀地界非相應
非不相應如實觀水火風空識界非相應 非
不相應是菩薩摩訶薩能與六種波羅蜜多
常共相應不相捨離善現若菩薩摩訶薩如
實觀无明非應非不相應如實觀

圖書在版編目（CIP）數據

中國國家圖書館藏敦煌文獻．第五二册／中國國家圖書館編．—北京：國家圖書館出版社，2024.12

ISBN 978-7-5013-7974-3

Ⅰ．①中…　Ⅱ．①中…　Ⅲ．①敦煌學－文獻　Ⅳ．①K870.6

中國國家版本館CIP數據核字（2024）第036733號

書　　名	中國國家圖書館藏敦煌文獻・第五二册
著　　者	中國國家圖書館　編
項目統籌	魏　崇　殷夢霞
責任編輯	苗文葉　潘　竹　程魯潔　黄　鑫
責任校對	王　哲　蔣昕童
出版發行	國家圖書館出版社（北京市西城區文津街7號　100034） （原書目文獻出版社　北京圖書館出版社） 010-66114536　63802249　nlcpress@nlc.cn（郵購）
網　　址	http://www.nlcpress.com
排版印裝	天津裕同印刷有限公司
版次印次	2024年12月第1版　2024年12月第1次印刷
開　　本	787×1092　1/8
印　　張	41
書　　號	ISBN 978-7-5013-7974-3
定　　價	2800.00圓